suncolor

suncolor

Discipline Is Destiny

The Power of Self-Control

自律即命運

節制與自控的力量

RYAN HOLIDAY

萊恩・霍利得／著

趙盛慈／譯

suncolor 三采文化

向善離惡，
確保人生無所過失、清淨無憂，
所須銘記奉行的兩個字詞：
擇善固執、有所不為。

——愛比克泰德（Epictetus）

目次

第二部／內在領域（心性）

第三部／主宰者（靈魂）

四樞德

很久以前，海克力士（Hercules）來到了人生十字路口。在希臘山丘一處靜謐的交叉口，在樹瘤盤結的松木林蔭下，這位希臘神話中偉大的英雄，生平頭一次與他的命運相遇。究竟是何時何地，無人知曉。

這場命運邂逅在蘇格拉底（Socrates）的故事中時有所聞，也刻劃在文藝復興精美無比的藝術作品裡。我們可從經典巴哈清唱劇感受到海克力士越發充沛的力量、健壯的肌肉及其所承受的痛苦。若一七七六年約翰．亞當斯（John Adams）堅持己見，那麼面對人生關卡的海克力士的英姿，早就在新建國的美國公章上永垂千古了。

因為當時海克力士尚未建立不朽名聲、尚未完成十二偉業、尚未改變世界；他在那裡面臨了危機，足以顛覆他人生、真實無比、前所未有的危機。他將被引領至何方？他想去何方？這才是故事的重點。孤身一人、默默無名、惴惴不安，海克力士跟許多人一樣，自己也不知道。

十字路口出現了一位絕美女神，百般引誘他。光鮮亮麗的她身著華服，承諾賜予他輕鬆愜意的一生。她發誓他將永遠不會嘗到匱乏、不快、恐懼或痛苦的滋味。她說，只要跟隨她，她會滿足他所有欲望。

另一條路則佇立著另一位女神，神情較為嚴肅，一身純白長袍，說話輕聲細語。她只承諾唯有勤奮努力才能享受成果。這會是一條漫漫長路，她說。途中不免有所犧牲，也有令人驚恐的時候，但這才是身為一名神祇該踏上的道路。如此，他將成就偉業，不負祖先所望。

這是真的嗎？這是實際發生過的史實嗎？

若只是傳說而已，那還重要嗎？

當然重要，因為這攸關我們的故事、我們的兩難、我們自身的十字路口。

對海克力士而言，他得在惡習與德行兩者之間做抉擇。要選輕鬆的做法，還是艱難的做法；要選熙來攘往的路，還是人跡罕至的路。我們所有人都會面臨如此抉擇。

海克力士僅猶豫一下子，便選擇踏上那條引向不凡人生的路。

他選了德行。

「德行」聽似老掉牙沒錯。但德行——arete——可譯作簡單無比且永不過時的詞語：卓越。道德層面的卓越；生理層面的卓越；心理層面的卓越。

在遠古的世界，德行乃由四要素所組成。

勇氣。

節制。

正義。

智慧。

哲學家皇帝馬可．奧理略（Marcus Aurelius）稱之為「女神的試金石」。對眾人而言，此為四樞德，四項近乎放諸四海皆準的理想，不只為基督教和大部分西方哲學所遵循的真理，佛教、印度教及幾乎所有你所能想到的其他哲學，亦視其為珍寶。路易斯（C. S. Lewis）表示，它們之所以被稱作「樞」德，並非因為來自教會權威，而是因為源自拉丁文 cardo，為樞紐之意。

樞紐**至關重要**，是那扇通往美好人生的門所倚重之物。

它們也是這本書及這系列書籍的主題。

四本書；四樞德。*

一個目標：幫助你抉擇……

勇氣、膽量、堅韌、榮譽、犧牲……

節制、自律、克己、從容、平衡……

正義、公平、服務、友誼、善良、仁慈……

智慧、知識、教育、真理、自省、平靜……

這些是通往榮譽、榮耀、**卓越**人生的關鍵。約翰・史坦貝克（John Steinbeck）將這些性格特質形容為「使本人舒心且嚮往，在這些特質影響下的行事舉止，他也感到自豪，於心無愧。」但此處的**他**應視為指稱全人類。在羅馬，virtus這個名詞沒有陰性。德行既非陽亦非陰，不過為**行**罷了。

至今仍是如此，無論你是男是女，無論你體格健壯還是膽小如鼠，是天才還是庸才，德行乃普世法則。

這些德行環環相扣、密不可分，但每項德行各自皆為獨一無二。

做正確的事幾乎總需要勇氣，就像若沒有明白何者值得選的智慧，就不可能做到自律。若無法施於正義，徒具勇氣又有何用？若無法使我們更謙遜，徒具智慧又有何用？

*這是第二本書。

東、南、西、北——這四樞德猶如指南針（指南針的四方位叫做「基本方位」，其來有自）。這四方位指引我們，讓我們得知身在何處、何為真理。

亞里斯多德（Aristotle）說德行如同一種工藝，人用盡一生追求，和追求精通任何職業或技藝毫無二致。「建造使我們成為建築師，彈奏豎琴使我們成為豎琴師，」他如此寫道。「同樣的，行之有義才得以為公正之人，行有節制才得以為自律之人，行英勇之舉才得以為勇敢之人。」

德行是我們的**作為**，是我們所選擇的事。

而這並非一勞永逸，因為海克力士所面臨過的重大抉擇不止一次。這是每天的挑戰，我們會時時刻刻、一再與之相遇。屆時，是要自私還是無私？是要無畏還是畏懼？是要堅強還是軟弱？是要明智還是愚蠢？是要養成好習慣，還是壞習慣？是要勇敢還是膽怯？是要接受無知就是福，還是接受新想法的挑戰？

是要一成不變……還是蛻變成長？

是要選省事的做法，還是正確的做法？

RH

前言

「你想要擁有偉大的帝國嗎？請先把自己管理好。」

——普布里烏斯．西魯斯（Publilius Syrus）

我們生活在一個富足與自由的年代，就連時代與我們最相近的祖先，都無法想見這樣的富足與自由。

在已開發國家，一個普通人所能享有的奢侈與機會，即使是擁有至高無上的權力的國王都無法企及。我們能在冬天享受溫暖，在夏天享受涼快，肚子吃飽的時候，遠多於飢餓的時候。我們可以去想去的地方、做想做的事、相信自己想相信的事。樂趣與娛樂，彈指即有。

厭倦待在哪個地方嗎？去旅行。

討厭你在做的工作嗎？換掉它。

渴望某樣東西嗎？擁有它。

腦中有某個想法嗎？說出來。

想要擁要什麼嗎？買下來。

擁有什麼夢想嗎？去追求。

無論何時，無論方式，你想要的幾乎就能擁有。

這是人權，也應當如此。

然而……擁有上述一切的我們，又如何？顯然不是每個人都過得幸福美滿。擁有權力、擺脫束縛、獲得超乎想像的福氣，為什麼我們仍然該死地不快樂？

因為我們錯把放縱當自由。艾森豪總統有句名言，他說，自由其實只是**展現自律的機會**。除非你寧願活得載浮載沉、脆弱易受打擊、混亂失序、形單影隻，否則就要為自己負起責任來。先進科技、使用權利、成功、權力、優勢，唯有伴隨四樞德中的第二項「自我約束」，那才會是一種福氣。

Temperantia（節制）

Moderatio（適度）

Enkrateia（節制）

Sophrosyne（自制）

Majjhimāpatipadā（中道）

Zhongyong（中庸）

Wasat（中間）

從亞里斯多德到赫拉克利特（Heraclitus），從聖多瑪斯・阿奎納（St. Thomas Aquinas）到斯多葛學派，從《伊里亞德》到《聖經》，在佛教、儒教和伊斯蘭教中，古人對於如何成就永恆不變的宇宙法則，留下許多話語以及符號——人要克己自制，否則將有自毀、失衡、失調、過分依賴的風險。

當然不是每一個人的問題都源自「富足」，但是**每一個人**都能受益於自律以及自我控制。人生並不公平，禮物*並不會公平分給所有人。這樣的不平等造就一個現實，即是出身弱勢背景的人，必須比別人更加自律，才能爭取到機會。他必須比別人更努力，也更沒有犯錯的空間。然而即使是不那麼自由的人，他依然每天都會面臨到數不清的選擇題，選擇是否滿足某些強烈欲望、採取行動、接受自己，或要求自己。

由此可知，我們都在同一條船上：不論幸與不幸，人們都必須思考如何去管控情緒、戒除應當戒除的事物、選擇應當遵守的標準。除非你寧願被其他人事物主宰，否則我們應該管好自己。

我們可以說，每個人都有高低層次的自我，兩種自我面向彼此不斷交戰——「可以」對上「應該」；可以僥倖逃過惡果的行為，對上「高尚」的做法；專注做事，對上容易分心；努力達成目標，對上屈服妥協；尋找平衡，對上渴求混亂及過度。

古人說，這種內心的矛盾與掙扎是「意志力薄弱」（akrasia），其實那一樣也是海克力士的交叉路。

我們如何選擇？

哪一邊會勝出？

你要成為什麼樣的人？

最終極的偉大

在四樞德系列第一本書中「勇氣」的定義是：為了某一件事、為了某一個人、為了你知道要完成的事，以身試險。而節制的美德——自律心——對一個人來說更加重

＊譯註：這裡包含天賦、人生的機會，以及他人給予的時間、資源等。

要，這是**約束**自己的能力。

你要能夠……

……認真做事。

……適時拒絕。

……養成良好的習慣並設立界限。

……訓練自己、做足準備。

……忽視誘惑與挑釁。

……管理情緒。

……忍受痛苦的困境。

自律是盡最大努力去做到最好……同時知道該在哪些地方有所節制。聽起來是不是有些矛盾？不，那叫**平衡**。有些事要懂得拒絕，有些事要勇敢追尋。凡事都要適當合度、帶有意識、合理而為，不沉溺其中，也不失去自制力。

自我節制不是剝奪，它是管理自己的身、心、靈——即使沒有別人看見，即使擁有的資源有限，一樣要求自己做到最好。這種生活方式需要勇氣——不只因為那並不容易，也因為你將與他人不同。

因此自律同時能夠預告及決定你的未來。你將更有可能成功，而且不論成功或失敗、不論境遇如何，你都將成就**偉大**。反之，缺乏自律將使你身陷危機；它也會影響你的內在特質，以及你所擁有的外在條件。

讓我們回到艾森豪以及他所說的**自由是展現自律的機會**。他的人生不正是這句話的最佳寫照嗎？他在成為將軍前，熬過大約三十年沉悶的軍旅生涯，在美國國內，看著同僚上戰場博得勳章及喝采。一九四四年，他授命擔任第二次世界大戰同盟國軍隊最高統帥，一夕掌控約三百萬人的軍隊。最後，高峰時期，更是增加至超過五千萬人。身為七億餘人的同盟國的軍事將領，他發現，自己絕對不能不守規定，而是要比從前更加嚴格律己。他發現，領導眾人的最佳方式，不是威逼，也不是命令，而是藉由控制自己的脾氣，以及最重要的以身作則，去說服他人、折衷讓步和展現耐心。

他以彪炳的戰功嶄露頭角，成就沒有任何軍人能完成或希望企及的境界。而後他當上總統，管理新建的核子武器軍火庫，說他是全世界最有權力的人，亦不為過。幾乎沒有人事物可以支配他，沒有什麼東西能阻擋他，沒有人不崇拜他或不懼怕他。但他在總統任期沒有發起新的戰爭，沒有動用到那些駭人的武器，沒有拉高衝突。除此之外，卸任時他很有先見之明，針對戰爭機器「軍事工業複合體」提出了警告。事實上艾森豪任期內有個動用軍事武力的知名事例，其實是指派一〇一空降師去保護黑人兒童入學報到。

他有沒有醜聞？有沒有濫用公共資源？是否曾經打破承諾？

一概沒有。

他的豐功偉業，如同一切真正偉大的事蹟，並非根植於侵略、自負、欲望或萬貫財富，而是立基於簡樸與約束——立基於幫助他成功指揮他人的自我要求。拿他和希特勒、墨索里尼、史達林等同一時代的征服者相比，拿他和麥克阿瑟、喬治·巴頓、蒙哥馬利等同輩相比，拿他和亞歷山大大帝、薛西斯一世、拿破崙等過去的將領相比。到頭來令我們最為驚嘆，流傳千古的並不是野心，而是一個人的自我掌控力、自我意識和節制力。

艾森豪年輕時，母親曾經引述《箴言》的一節給他聽：「不輕易發怒的，勝過勇士；治服己心的，強如取城。」她把塞內卡（Seneca）要灌輸給統治者的觀念，教導給他：「能掌握自己的人，才是最有力量的人。」

於是艾森豪真的憑藉征服自己，征服了全世界。

但仍有一部分的我們會去讚揚或羨慕那些僥倖獲得更多、降低自我要求標準的人——那些搖滾明星、名流人士以及邪惡的人。那些人的做法看似容易，看似比較有趣，甚至像是成功的途徑。

是這樣嗎？

不對，那是虛幻的假象。若你仔細觀察，會發現：沒有人比懶惰鬼活得更辛苦。沒有人比貪心鬼活得更痛苦。沒有哪一種成就，比不顧後果，或無止境追求的野心，來得更短暫。無法完全發揮潛力是可怕的懲罰。貪婪會轉移人的目標，使你無法享受擁有的一切。就算有別人為你喝采，內心也只感受到悲慘、自我厭惡、依賴。

關於節制，古人喜歡拿馬車夫來比喻。想讓馬車跑得比別人快，你不只要讓馬匹快速奔跑，還要能夠掌控馬隊、要能安撫焦躁不安的馬匹，並握緊轠繩，讓馬匹在最艱險的環境中，朝既定目標準確前進。馬車夫要懂得寬嚴並濟，知道何時該輕撫、何時該用力拍打拉車的馬。馬夫要掌控自己和馬匹的前進步調，在關鍵時刻全力衝刺。不知節制胡亂前進可以很快……但最後必定會以碰撞收場。尤其是當你遇到競技場裡的髮夾彎，以及人生中蜿蜒曲折、崎嶇不平的道路。尤其是當觀眾和競爭者大力鼓譟，要你加速前進的時候。

自律不僅使一切皆有可能，它還能帶領你在各個方面提升。

請說出有哪個無法自律、卻很偉大的人。請說出有哪個慘敗的人，其失敗原因跟缺乏自律毫不相干。

比起天生能力，心性與節制能力對人生影響更大。

我們所推崇和將在本書談及的人物有：馬可．奧理略、伊莉莎白女王二世、盧．蓋瑞格（Lou Gehrig）、梅克爾、馬丁．路德．金恩、喬治．華盛頓、邱吉爾。他們的自我約束能力與專心致志發人深省。拿破崙、亞歷山大大帝、凱撒大帝、喬治四世等人則是自尋毀滅，留下警惕人心的歷史故事。此外，由於人都有不同面向，因此有時我們會在同一個人身上看見「放縱」與「約束」，同時從兩者學習。

自由需要紀律。

紀律賦予自由。

自由與傑出。

你的命運就在前方。

你願意拉起這條韁繩嗎？

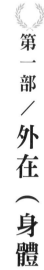

第一部／外在（身體）

「身體是我們的榮耀、風險，以及我們關心的對象。」

——瑪莎．葛蘭姆（Martha Graham）

我們要從**肉體的我**談起。聖保羅寫給哥林多人的第一封書信告訴我們要**攻克己身，叫身服我**，才不會被棄絕。根據斯多葛學派的觀點，羅馬傳統主要表現在「忍耐、節儉的飲食和適量使用其他物質財產」。他們只穿著合乎機能需求的衣服和鞋子，只吃維持生理機能的飲食，只會適度地喝下維持生理機能的飲水量，並認真遵循古禮。你覺得，他們很可憐嗎？還是推崇這樣的簡約與莊嚴？在這樣一個資源豐沛的世界裡，我們每一個人都必定會與自己的欲望和衝動角力，並且免不了要為世事變化而不斷提升。這跟練出六塊肌，或禁絕一切愉悅的享受無關，而是為我們選擇的道路，鍛鍊不可或缺的毅力。重點在你能否走得長遠，並在途中避開死路和遠離海市蜃樓。如果我們無法主宰自己的身體，那麼主宰我們的身體的，會是誰或是什麼？是外在力量，是懶惰、逆境、混亂、衰落。我們要在今天和每一天時時身體力行，因為那是我們來到世界的目的。我們知道，縱使選擇簡單的做事方式，看似比較輕鬆，而放縱自己的享樂中心，看似比較快活，但是長遠來看，那卻是一條痛苦許多的道路。

做身體的主人

他頂著發燒和偏頭痛，打完比賽；他頂著強烈疼痛的背部、拉傷的肌肉、扭傷的腳踝，打完比賽；有一次，他被時速八十英里*的快速球擊中頭部，隔天仍穿戴裝備，並借用貝比・魯斯（Babe Ruth）的頭盔，繼續上場比賽（頭部腫起使他無法穿戴原本的頭盔）。

盧・蓋瑞格在紐約洋基隊擔任一壘手的時期，總共連續出賽兩千一百三十場，締造了往後五十五年的人所難以超越的體能耐力紀錄。如此永垂不朽的人類耐力壯舉反而容易叫人忽略，這件事本身究竟多麼不可思議。當時美國職棒大聯盟的正規比賽每年共計一百五十二場。蓋瑞格所屬的洋基隊幾乎年年在季後賽表現亮眼，甚至七次挺進世界大賽。十七年來，蓋瑞格每一年四月到十月，毫無間斷地，以你所能想像的最高技術水準出賽。休兵時，球員通常會前往各地進行巡迴賽和熱身賽，有時甚至遠赴日本比賽。蓋瑞格在洋基效力期間打過大約三百五十場雙重賽，在美國本土比賽時的移動距離，至少有二十萬英里，其中大多搭乘火車或巴士移動。

但他從未缺席過任何一場比賽。

原因不是他從來不受傷或從來不感冒，而是因為他像「鐵馬」般拒絕缺賽，突破別人當作休息藉口的疼痛和生理限制。蓋瑞格照過頭部X光。醫生吃驚地發現，他有至少**十七處**已痊癒的骨折傷痕。擔任職業球員期間，他每一隻手指頭都骨折過──他不只不因此放慢腳步，甚至沒有談論過這件事。

換個角度看，連續出賽使他聲名大噪，這件事蓋過他作為球員一路累積的每一個數據，其實並不公平。蓋瑞格生涯總打擊率有驚人的三成四，在至關重要的季後賽，打擊率更是來到三成六一（有兩屆世界大賽，打擊率**突破五成**）。他總共擊出四百九十五支全壘打，包括二十三支滿貫全壘打，締造出七十多年無人能破的紀錄。一九三四年，他成為史上第三位榮獲美國職棒大聯盟「三冠王」殊榮的球員──打擊率、全壘打、打點（上場打擊攻回的分數），同時問鼎聯盟之冠。生涯共計一千九百九十五個打點，位居史上第六──棒球史上最佳隊員的美名，蓋瑞格當之無愧。他曾兩度榮獲單場最有價值球員、七次入選全明星賽、六次與隊友合力奪下美國職棒世界大賽冠軍、入

＊譯註：約時速一百二十九公里。

選棒球名人堂，而且他是首位球衣號碼跟著一起退休的球員。

嚴格來說，蓋瑞格是從一九二五年六月，替補洋基傳奇球員威利・皮普（Wally Pipp）上場時，開始連續出賽，不過他其實年紀輕輕，就展現媲美海克力士的驚人耐力。一九〇三年，蓋瑞格出生在紐約的德國移民家庭。在這個家庭裡出生的四個小嬰兒，只有蓋瑞格一個人幸運長大。他的出生體重是高達驚人的六千公克，而且之後，他似乎在媽媽的德國料理餵養之下，長得愈來愈胖。學校同學的訕笑促使這個小男孩首次下定決心做一件事，就是跟爸爸一起到德國人的體操俱樂部運動，開始練就日後屢屢幫助他攻下打點的健壯下身。蓋瑞格並不是生來就有一副協調的肢體，一名童年時期的朋友曾開玩笑說，他的動作經常「像人喝醉酒的樣子」。

他並不是天生的運動員，他讓自己**成為**運動員。

出生在貧窮的移民家庭，生活並不好過。蓋瑞格的父親喜歡酗酒，有一點遊手好閒。如果你去看一看他的父親經常以哪些理由請假和他的病假休息天數，實在很諷刺。這個壞榜樣令蓋瑞格感到羞愧，激勵他培養出可靠與堅毅這兩項絕不妥協的資產（他從不缺席學校的課，可說預示了日後的連續出賽）。所幸，母親不僅非常疼愛他，她勤奮不懈、認分工作的態度，給了他優秀的好榜樣。蓋瑞格的母親為了讓兒子能夠過上更好的生活，做過煮飯、洗衣、打掃，烘焙的工作。

但是他們一家始終過著困頓貧乏的生活。同學回憶時說：「跟蓋瑞格一起念過書的人都忘不了，蓋瑞格在寒冷的冬天來上學，身上只穿卡其衫、卡其褲，腳上穿一雙咖啡色的厚重鞋子，沒有穿外套，沒有戴帽子。」這個出身貧窮的男孩，面臨沒有人願意選擇的命運，但是那樣的命運塑造了他。

斯多葛哲學家克里安西斯（Cleanthes）有個小故事：某個寒冷的日子，他在雅典的路上走著，身上的薄斗篷被一陣風吹掀起來。看見這一幕的人們，吃驚地發現，天候如此嚴寒，他的斗篷底下，竟然幾乎沒有再穿其他衣物，於是人們開始逐漸為他擁有的十足耐力，熱烈地鼓掌起來。而蓋瑞格這邊也不遑多讓。即使洋基隊支付高薪，讓他一躍加入美國的高薪運動員俱樂部，卻幾乎沒有人在紐約的冬季，見他戴過帽子或穿上背心。直到後來，他身邊有了個愛他的好太太，他才願意為了貼心的她，心甘情願地穿上外套。

大部分的小孩都喜歡體育活動，而蓋瑞格從體育比賽，看見更高層次的使命。棒球員是需要自制力並需要關照身體的行業——身體有可能形成阻礙，但它也是帶領球員向成功邁進的工具。

蓋瑞格兩件事都做到了。

他比誰都更認真努力。一名隊友這樣描述：「他幾乎是把『良好的體魄』當成是宗教信仰來奉行。」蓋瑞格說：「我是棒球的奴隸。」他自願為奴，成為了一個熱愛工作，並永遠感激擁有出場機會的棒球奴。

這樣一股專心致志的精神給了他回報。當蓋瑞格站上本壘打擊區，他與某種神聖之物融為一體。身上穿著厚重羊毛球衣（沒有人能再穿那件球衣比賽）的蓋瑞格沉穩地站著。他搖晃身體，在兩腳之間變換重心，調整打擊姿勢。揮棒擊球時粗壯的雙腿會出力，幫助他順著球棒揮擊，將球擊得又深又遠，一路飛出全壘打牆外。

有些打者喜歡耐心等待球落入他們喜歡的擊球區，但蓋瑞格不拘一格，無論對手投出何種球，他都能擊出。而當他擊球後呢？他就開始奔跑。這位曾經被戲稱擁有兩條「鋼琴腿」的球員，居然能成功盜取本壘超過十二次。他並非僅僅依靠蠻力，也靠著他的速度。他在場上巧妙運用各種技巧，盡心盡力。

球場上有比他更有才華、性格更獨特、更聰明的球員，但沒有人比他更努力，沒有人比他更在乎體能訓練，沒有人比他更熱愛棒球比賽。

當你熱愛你的工作，你不會想要走偏門，或逃避工作對你的要求。你甚至會敬重工作當中微不足道的小事——他從來沒有扔過球棒，甚至不會拋球棒。他很少跟球團管理階層起衝突，其中一次是：他被發現在住過的社區，跟街上的小孩子們一起打棍球（stickball）。有的時候，他甚至會在洋基隊的比賽結束後，去跟那些孩子打棍球。他就是無法錯過任何可以打球的機會……

儘管如此，他一定也有許多日子，感受不到對工作的愛。他也會想要放棄，也會質疑自己，也會感覺就要無法繼續前進，也會沮喪得對自己設下的高標準感到厭倦。蓋瑞格不是超人，他的腦中有跟我們一樣的聲音。但是他會繼續培植力量，成為習慣——不去理會那樣一股聲音。這個嘛，你一旦妥協，就**失去**原本的立場了……

「我有打球的意志。」他說：「打棒球很辛苦，壓力非常大。沒錯，打球很快樂，但也很困難。」你也許會想，每個人都擁有那樣一股打球的意志，但事實絕非如此。有一些人是在倚靠他們的天生才能應付，希望考驗永遠不會來臨；有一些人則是只會努力**到某個地步**，難度太高，便放棄了。古往今來，即使是一流的人才，也都難以拋開這股習性。蓋瑞格那個時代的一名球隊經理曾經描述，那是「不在場證明的年代」——每個人都有自己的藉口。他們總有理由解釋為何無法發揮最佳實力、為何沒有在守備位置上把該守住的球守好、為何沒有做足上場準備。

新人時期的喬．迪馬喬（Joe DiMaggio）曾經問蓋瑞格，對手會派出哪一名投手應戰。也許他希望聽見從蓋瑞格口中說出某個好打的投手。蓋瑞格告訴他：「喬，我從不擔心。我們只需要記住，他們向來會派最優秀的投手對付洋基。」所以他也期望洋基隊的隊友都能盡全力打球。他的觀念是：才能愈高，肩負的期望愈大。冠軍就要表現得像冠軍……要努力證明自己的實力。

蓋瑞格不喝酒，不近女色，也不喜歡追求刺激感，或開快車。他總說自己不是個樂天派。但他也清楚表明：「我不愛說教，也不是聖人。」他的傳記作者保羅．葛里克（Paul Gallico）只比蓋瑞格早幾年在紐約市出生。他寫，蓋瑞格「過著健康嚴謹的生活，並不是因為他很自以為是，或迂腐守舊，想當聖人。他擁有堅持不懈、精益求精的野心。他有追求的目標。他選擇了最明智和最有效率的取得途徑。」

我們不是因為「濫用身體有罪」才好好照顧自己，而是因為濫用身體這個聖殿是去侵害成功的機會，好比對神靈的侮辱不敬。蓋瑞格並不諱言自律使他錯失某些娛樂。但他也知道，過著高速運轉或輕鬆簡單人生的人，同樣也失去了某些東西——他們無法將潛力發揮得淋漓盡致。自律不是剝奪，我們可以從中獲得好處。

話雖如此，蓋瑞格的人生本來很可能會朝不同方向發展。他在小聯盟打球初期曾經陷入職業發展的低潮期。有一天晚上蓋瑞格跟隊友出去喝酒，醉到隔天上場打第一球都還沒清醒。但他不知怎的，不但沒有錯失比賽，甚至打出幾個月以來的最佳表現。他神奇地發現，只要每一局上場前，從瓶子裡抿上幾口酒，就能消除緊張感，和停止過度思考。

有一位資歷豐富的教練看了出來，把蓋瑞格叫過去說話。他也有過相同的經歷。他知道走捷徑的短期利益。他也了解球員需要釋放壓力、追求快感。但他向蓋瑞格解釋那樣做的長期代價，詳細說明蓋瑞格如果不培養長久的解決之道，將有可能面臨什麼樣的未來。據說蓋瑞格再也不那樣喝酒。「原因不是什麼喝酒很糟或不對，這一類的刻板對錯觀念，而是蓋瑞格始終胸懷大志，想要成為一名偉大、成功的棒球員。任何妨礙實踐野心的事物，對他來說都是毒藥。」

球員、洋基人、第一代美國移民、孩子們欽佩的對象，這些身分對他深具意義。

蓋瑞格的前十個球季，實際上一直跟父母住在一起。他經常搭地鐵到球場。後來他擁有寬裕的財力，在紐羅希市（New Rochelle）買下一間坪數不大的屋子。蓋瑞格認為金錢充其量是一種工具，最差情況下，則是一種誘惑。稱霸球場的洋基隊為了給球員更好的待遇，曾經將休息區重新翻修。他們把原本簡單樸素的長椅，換成了附有軟墊的椅子。球隊經理看見蓋瑞格在撕扯著座位。他在生涯巔峰時期，這樣描述這項給運動員的高檔享受：「我受夠坐在軟墊上。車子裡有軟墊、家裡的椅子有軟墊，到哪裡都有軟墊。」

他知道舒適是我們的敵人，而成就會持續為人帶來更多舒適。人在一無所有時很容易自律。當你擁有一切之後呢？當你天賦異稟，即使不付出，也沒關係呢？

盧．蓋瑞格的特別之處在於，他**選擇了**自我控制。不是上級或隊友要求他自律。他的節制是一種發自靈魂深處的內在力量——儘管有所犧牲、儘管其他人允許自己放棄苦行仍走得下去、儘管這樣的付出往往不被看見（直到他離世已久才受世人矚目），他仍然追求這股力量。

你知道，就在貝比．魯斯擊出傳奇的「預告」全壘打之後，蓋瑞格也立刻擊出了一支全壘打嗎？他並沒有擺出戲劇化的姿勢，而那其實是他的單場**第二支**全壘打。你知道他們奪下美聯打擊王的次數相同嗎？你知道貝比．魯斯被三振率的次數，幾乎是蓋瑞格的兩倍嗎？蓋瑞格不僅將體態維持在貝比．魯斯所無法企及的程度（貝比．魯斯發福到一百零八公斤），他連心態都不會過於驕傲自大。一名記者寫他「沒有被寵壞，沒有一絲一毫的自大、虛榮、自負」。他永遠以球隊為優先，球隊甚至排在他的個人健康前面。頭條新聞要報導誰就報導誰，他並不在乎。

他可以不這麼做嗎？可以，但話說回來，他也無法不這麼做。他永遠無法容許自己放縱。

他的訓練員曾開玩笑抱怨：「要是每個棒球選手都像蓋瑞格那樣，球隊的訓練員就要失業了。」蓋瑞格做足準備，對自己的訓練毫不馬虎——季後賽期間也一樣嚴格——幾乎不太需要按摩或復健。他只要求工作人員賽前在他的置物櫃放一條口香糖，如果是一日兩場的雙重賽就放兩條。有一名觀察家曾經表示，蓋瑞格對自己的名氣不以為意，但認真看待隨名氣而來的責任義務。

但運動表現依靠的不只是肌肉和才能。如果不是木人石心，你很難連續出賽那麼多場。有一次三壘手暴傳，蓋瑞格為了接起這顆挖地瓜的球，拇指都插到地上了。進休息區後，隊友心想免不了要被痛罵一頓，但蓋瑞格只說了一句：「我覺得好像骨折了。」那名隊友在回憶時驚訝地表示：「完全沒聽見蓋瑞格發出任何一句牢騷。他對我投得很爛、害他拇指骨折，一句抱怨的話也沒有。」

一九三四年六月，一名投手對蓋瑞格投出觸身球，導致蓋瑞格當場昏迷。事後他開玩笑地說：「我猜他的連續出賽要中斷了。」在那可怕的五分鐘裡，他動也不動躺在原地，彷彿失去了生命跡象——在那個球員還沒有被規定要戴頭盔上場的年代，打者是真的有可能被觸身球打死的。他被人趕緊送去醫院。雖然頭部X光片顯示沒有骨折，但大家都以為他會有兩星期無法上場比賽。結果，他隔天同樣繼續站上打擊區。

儘管如此你也許會想，下一次，蓋瑞格看到棒球高速朝他飛馳而來，應該會有一絲猶豫畏縮。所以投手偶爾會故意往打者身上招呼——讓自我保護的直覺念頭迫使打者謹慎地往後站——有時候僅僅幾公釐就能令比賽翻轉。但是蓋瑞格依然身體前傾，並且……擊出一支三壘安打。幾局後，他又擊出一支三壘安打。前一場差點因為頭部觸身球喪命的蓋瑞格，在這場比賽因雨取消前，擊出了第三支三壘安打。賽後訪問他只說：「那樣的小事無法讓德國人止步。」

是什麼驅使一個人這樣鞭策自己？有時候，只是簡單提醒誰是身體的主人。他說：「我只是必須要在那個當下立刻證明自己。我要確定，那次頭部重擊不會讓我在打擊區上，一朝被蛇咬十年怕草繩。」

蓋瑞格也許並不是想要當聖人，但他確實做到了。他的隊友說：「地球上沒有比他更優秀的人了。他不喝酒，不嚼菸草，也不抽菸。他每天晚上九點半、十點左右就上床睡覺。」這些都是很容易做到的習慣，卻為他贏得十足的尊敬，為什麼？後來拳王阿里曾說：「當一個人可以主宰自己的人生、生理需求和較低層次的自我，他就提升自己了。」

蓋瑞格在洋基的首場比賽（即連續出賽的第一場）有個老故事。據說那一天他本來也被球擊中。經理問他：「你要下場休息嗎？」據說蓋瑞格大聲驚呼：「當然不要！我等了三年才上場比賽。就算頭骨碎裂我都不會下場。」

十七年後他才終於因為某個原因被迫無法上場。那個原因比投手的暴投球嚴重許多。蓋瑞格的身體無法如以往繼續那樣回應他的時候，這個長年習慣於自我控制的人心思一定很亂。他的揮棒動作，逐漸可以看得出來，速度不若以往。他穿戴棒球手套的動作變得不順暢。他在穿褲子的時候跌倒了。他拖著腳走路。但是他用堅強意志撐著，幾乎沒有人懷疑事情不對勁。有一陣子他甚至騙倒了自己。

蓋瑞格在一九三八年八月的行程大致如下：洋基隊在三十五天內打了三十六場比賽，包含十場雙重賽，甚至有一次是連續五天的雙重賽。蓋瑞格造訪了五座城市，搭乘火車移動幾千英里。他的打擊率達三成二九，共計九支全壘打、三十八個打點。

以三十五歲左右的年紀來說，運動員要不錯過任何一場或任何一局球賽，並能達到這樣的成績，真的非常了不起。盧·蓋瑞格甚至是在肌肉萎縮性側索硬化症

（ASL）開始大肆破壞身體、減緩運動能力、削弱肌肉力量、妨礙手腳動作的初期，擁有這樣的好成績。

蓋瑞格幾乎繼續打了一整個球季，身體能力才完全耗盡。連續出賽變成擁有自己的生命，不斷延續。儘管蓋瑞格在球場上偶爾發生不尋常的失誤，卻依然奮力敲出安打並拿下分數。

但凡是了解自己身體的人，不管再怎麼鞭策自我突破極限，都知道何時該收手。

一九三九年五月，他在一個尋常日子對洋基隊經理說：「喬，我總是說，當我覺得自己無法再為球隊貢獻，我會自己離開打線。我想那個時候到了。」

喬．麥卡錫（Joe McCarthy）回他，說：「蓋瑞格，你想什麼時候退出？」**退出**。這可怕的字眼，聽了真令人難過。球隊經理還以為他們講的是以後，希望能繼續共事一段時日。但是蓋瑞格的身體實在撐不住了。蓋瑞格語氣肯定地說：「是現在。讓貝比．道格倫（Babe Dahlgren）接手。」

是什麼改變了？蓋瑞格在接連幾個星期不穩定的球場表現之後，終於接住了一顆滾地球，穩穩地將對手封殺出局。他在球員生涯有過上千次這樣的表現，隊友卻像慶祝他在世界大賽敲出致勝全壘打那樣歡呼，讓他在那一刻明白是時候了。他在拖累他們，他在欺騙自己。

邱吉爾曾在哈羅公學（Harrow School）對年輕學子說：「永不投降，無論大小輕重，都永遠、永遠、永遠不對任何事物投降……不屈服於暴力，也不屈服於敵人看似難以抵擋的威力。」蓋瑞格終其一生在做類似的抵抗。貧窮沒有阻擋他的腳步。受傷或成為職業球員的微小機率，也沒有讓他止步。他抗拒誘惑、拒絕向自滿投降，甚至不願輸給肉體疲勞。但他屬於邱吉爾列在例外的兩個類型：「除非那是對榮譽和良知的堅定信念，否則絕不屈服。」現在，來到終點，蓋瑞格所能做的，只有帶著與出賽相同的沉著和自我控制力，離開球場。

蓋瑞格的連續出賽始於咆哮二〇年代令人興奮的日子，一路踏入經濟大蕭條，於一九三八年的世界大賽臻至巔峰，並如其不祥的開端，畫下了一個不祥的句點。某個新人因此拿到擔任一壘手的機會。道格倫完全沒預料到自己會接下一壘手的位置。他的前輩實在表現得太好了。蓋瑞格只能對他說：「祝你好運。」

當司儀用擴音器對底特律球場大約一萬兩千名觀眾，念出先發陣容名單時，司儀和觀眾一樣震驚不已。兩千一百三十場比賽以來，蓋瑞格第一次沒有列在先發唱名名單，儘管如此，司儀情不自禁地說：「蓋瑞格連續出賽兩千一百三十場才終於在今天坐板凳休息，大家給他一點掌聲吧。」觀眾席裡坐著蓋瑞格來鎮上辦事的朋友——也就是十四年前被蓋瑞格取代位置的威利．皮普——他覺得這件事實在難以置信。接著觀眾席爆出沒有間斷的熱烈掌聲。

蓋瑞格向觀眾揮了揮手，然後回到休息區。隊友們靜靜看著「鐵馬」情緒潰堤，流下眼淚。

你要在還有機會的時候全力以赴。人生苦短，你永遠不曉得什麼時候會失去出場的機會和身體健康，不要浪費！

一九三九年七月四日，他最後一次穿球衣現身在洋基體育場。他長久以來仰賴的肌力消失殆盡，只剩下他自己以及他的勇氣和自我掌控力。但某種程度上那仍然是對抗身體的戰爭——他必須對抗疲勞，必須挑戰自己的極限。他曾試著婉謝發表感言的機會，然而觀眾不停呼喊：「我們要蓋瑞格上場！我們要蓋瑞格上場！」蓋瑞格努力展現自制力，他的發言證明了拳王阿里所說「掌握較低層次的自己，就能提升到較高的層次」是對的。他努力保持冷靜，說：「這兩個星期你們在報導中讀到一則壞消息。但今天，我覺得自己是地球表面最幸運的人。」

不過他的這份幸運，就和我們大家一樣，最終總有消逝的一天。

一九四一年《紐約時報》（*New York Times*）報導：「昔日的『鐵人』在今早十點十分與世長辭。他在本壘打擊區的戰績留下輝煌的紀錄。」但是不論球場紀錄，或任何傳頌蓋瑞格的事蹟的文字，都無法完全表達蓋瑞格留下的偉大遺澤。

蓋瑞格的喪禮僅僅持續了八分鐘。牧師的目光越過蓋瑞格的朋友和隊友，望向外面。他認為蓋瑞格不需要詞藻華麗的哀悼文來表達哀思。牧師說：「我們不需要哀悼文，因為你們都已經非常了解他。」他不需要任何人上前致意，因為他的一生和他所展現的楷模已經足以說明一切。

我們每一個人都跟盧·蓋瑞格一樣必須對抗自己的身體。首先，我們要掌握並將其發揮得淋漓盡致。接著，隨著年齡漸增或生病，我們要阻止體能的下降——幾乎等於是要在有能力的時候透過身體獲取生命。你一定明白身體是一種象徵。它是我們進行訓練和證明心智及心靈的場域。

你願意忍受什麼？

你能夠沒有什麼？

你願意承受什麼？

你能用身體創造什麼？

你說你熱愛正在做的事情，證明在哪裡？你已經連續做了多久？

大部分的人都沒有數百萬名粉絲看你工作。也沒有數百萬的薪水激勵我們。我們沒有教練或訓練員每天監督我們的表現。我們不需要為了工作去努力控制體重。這其實讓我們的工作、生活更加困難——因為我們必須當自己的經理、當自己的主人。我們要對自己的體能負責。我們要留意自己吃進肚子裡的食物，自己決定標準。

很好。

一心一意朝目標邁進的人會為自己設下，比外界人士所給定的，還要更高的標準。**節制**不是特別吸引人的字眼，也不是什麼有趣概念，但它能帶領人們邁向偉大。

要自我節制，當一把經過冶煉的刀。簡樸、適度。凡事堅忍自制——唯一不妥協的，只有你的決心與堅強。

我們要對自己負責，對我們的目標和比賽負責。要繼續向前，繼續突破，維持高潔的品行，做個堅強的人。

在身體征服我們之前，征服身體。

對抗黎明

童妮．摩里森（Toni Morrison）總是早早起床寫作。她在黑暗裡，安靜地動作，泡今天的第一杯咖啡，坐到小公寓的書桌前，等待思緒逐漸清晰，在太陽升起、光線灑入室內的那一刻，開始動筆寫作。她用這樣的方式工作**好多年了**。除了作家，古往今來，無數忙碌上進的人士，都是透過這樣一套世俗的儀式，來展開新的一天。

她日後反思：「作家都會發明一種方式，帶他們前去能夠與靈感交流的地方——讓自己成為一種管道，或進入神祕的寫作過程。對我來說，拂曉就是轉換信號。重點不是**身處在**光線裡，而是要**在拂曉之前**，就坐在書桌前面。某種程度來說，是拂曉的光線開啟我的寫作能力。」

但那當然不只是一種精神上的儀式，那也是務實的做法。摩里森開始寫作時，她是有兩個年幼兒子的在職單親媽媽，蘭登書屋的編輯工作占據許多時間，其他時間都要照顧小孩，等到晚上，她已經筋疲力盡，累得無法動腦筋思考。而在黑夜遠離、旭日東升之前，在孩子還沒開口呼喚「媽媽」之前，在公司的成堆書稿奪取她的注意力之前，在通勤上班、手機響起、帳單催人、碗盤需要清洗之前，只有那一段珍貴的清晨時光，能夠專心寫作。

清晨時分，她擁有自由；清晨時分，她擁有自信、清晰的頭腦和全副精力；清晨時分，生活責任還沒化為眼前的現實。這些非常重要，等待著她去摘取，那是等待她揮灑的故事，是靈感，是藝術。

一九六五年，三十四歲的她剛與前夫離婚，身在白人男性把持的業界，以業內寥寥無幾的黑人女性從業者身分，開始撰寫她的第一本小說。但在她心目中這才是「生命之巔」。她不再是個孩子，儘管必須承擔起所有責任，事情再清晰不過了——孩子們需要她成為大人，她未完待續的小說，也需要她當個大人。

起床吧。

不要缺席。

活在當下。

全力以赴。

她做到了。一九七〇年《最藍的眼睛》（*The Bluest Eye*）出版，在這本書大獲好評之後，她依然維持如此。她繼續出版了十本小說、九本非小說類作品、五本童書、兩部劇本，以及短篇小說。她摘下美國國家圖書獎、諾貝爾文學獎和美國總統自由勛章。在所有的喝采掌聲中，最令她驕傲的一定是：她**同時也是**一名偉大的母親、一名擁有**正職工作**的偉大母親。

沒錯，早起不怎麼好玩。就連一輩子受益於早起的人都不見得能順利起床。你不怎麼喜歡早起嗎？**沒有誰喜歡早起**。*

但至少，我們在早晨享有自由。海明威說自己早起是因為「沒有人會打擾你，涼爽或寒冷的溫度會在你開始工作寫作時變得溫暖」。摩里森發現她在早晨比較有自信，這一天還沒有對她產生負面影響，思緒比較清晰。她跟大多數人一樣覺得日落後「思緒沒那麼清楚，或腦袋沒那麼聰明，或沒那麼有創造力」。在聽了一天無趣乏味的話題之後，在經歷挫折、錯誤和筋疲力竭之後，誰能如此？

重點不僅在於聰明的頭腦。公司執行長總是一早前往健身房是有原因的——那個時段人仍然保有運動的意志力。人們會在早晨讀書和思考是有原因的——他們知道晚一點可能就沒有時間了。教練比所有人都早到體育場是有原因的——他們可以提前準備，占

---

* 雖然我們可能會說，早起不見得適合每一個人……但**幾乎**沒有不適合早起的人。

據先機。

起床做事就對了。

在你思緒清晰、還有能力去做事的時候動手吧。把握黎明前的一小時。把握塞車前的一小時。把握沒有人看你、大家都還在睡覺前的一小時。

我們在馬可．奧理略的《沉思錄》（*Meditations*）中看見，全世界最有權力的人，如何在較低層次的自我強烈渴望待在床鋪上的時候，試著說服自己在黎明時分起床。他問自己那顆不情願的心：「**這就是**我來到世界上要做的事情嗎？縮在被窩裡享受溫暖？」

沒錯，躲在被窩裡比較舒服。但那是我們出生在世上所要做的事情嗎？感受舒適？你要那樣浪費上天賜予你的生命，浪費上天賜予你、錯過便不再擁有的當下嗎？他對自己，也對我們說：「你沒看見植物、鳥兒、螞蟻、蜘蛛、蜜蜂努力完成他們的工作，盡力為世界創造秩序嗎？而你卻不想做好身為一個人該做好的工作？為什麼不趕緊去做天性要你去做的事？」

然而數千年後，人們依然如此，人們還在按鬧鐘上的貪睡按鈕。我們仍然在浪費一天當中最有生產力的時刻，選擇丟棄其他人也開始起床做事之前那些沒有干擾、沒有分心事物的時光。我們的潛力像一朵鮮花，清晨，花朵上頭還沾著閃閃發光的露珠。我們錯失了在花朵最新鮮的一刻將其摘下的時機。

一七二〇年代，神學家強納森．愛德華茲（Jonathan Edwards）曾經說：「我認為基督很早就從墳墓復活過來，這件事代表他建議人們要早起。」所以安靜的早晨才會如此神聖？也許是因為，我們在效法祖先的傳統。他們也會早起禱告、務農、到河川或井裡取水，或在太陽太熱之前穿越沙漠。

當你早上爬不起來，當你覺得早起很困難，請提醒自己你來自哪裡、提醒自己古人遵循的傳統、提醒自己早起的重要性。學摩里森去想一想她的祖母，她有更多的孩子要養、生活過得更辛苦。去想一想摩里森本人，她的生活一定不怎麼好過，她卻依然能夠早起。

想一想自己多麼幸運。帶著愉快的心情起床（因為起來總比起不來好，我們都會有醒不來的一天）。請感受能夠做自己熱愛的事物的喜悅。

要珍惜光陰。最重要的是，要**善用**光陰。

刻苦奮鬥才是美好人生

英王喬治四世出了名的好吃貪杯。他早餐要吃喝兩份鴿肉、三份牛排、一瓶幾乎全滿的葡萄酒和一杯白蘭地。隨著時間過去，他胖到再也無法躺著睡覺，光是胸口的重量就有可能令他窒息。他連簽署文件都有困難，最後甚至要求侍從製作簽名印章，讓他連這個基本的工作都不必做。不過，儘管身為國王的大部分義務，基本上他都沒有履行，但他仍然生下了數名私生子女。

像喬治國王這樣的人顯然是相信，他不受健康和人類生理法則的拘束，他相信，即使無限濫用他的身體，也不需要承擔惡果。甚至於，當多年來養成的惡習和萎靡不振的生活方式，終於在一八三〇年夏天的凌晨三點半找上他，他的遺言仍然是：

「天啊，這是怎麼一回事？」

接著他才意識到那是怎麼一回事。

他抓著侍從的手說：「孩子，我要死了。」

彷彿他對於自己有死去的一天……對於把身體當成垃圾桶四十年會有不良後果感

到驚訝。

有人從酒精或過量飲食獲得幸福快樂嗎？

沒有。

有人因此早一步踏入墳墓？過著悲慘生活？懊悔萬分？

當然有。

我們來看與盧・蓋瑞格同期打球的貝比・魯斯的飲食習慣。他早餐會喝一品脫的威士忌搭配薑汁汽水，接著吃下牛排、四顆雞蛋、炸馬鈴薯和喝下一壺咖啡。下午茶是四條熱狗，每一條熱狗搭配一瓶可口可樂。他會先吃一頓午晚餐接著一頓消夜。這兩餐的飲食內容是一樣的：兩份上等腰肉牛排、兩顆沾滿藍起司醬的結球萵苣、兩盤家常油炸馬鈴薯，以及兩份蘋果派。喔，在午晚餐和消夜之間，他還會吃四條熱狗和喝四瓶可口可樂。

這樣說吧。貝比，魯斯曾經喝下**過多**汽水和吃下**過多**熱狗，而緊急送醫。發生這種事情有點搞笑，但魯斯本人嘗到了苦頭。

他曾經這樣告誡蓋瑞格：「蓋瑞格，聽著，不要成為笨蛋。你要維持身體狀態。不要讓自己變得軟弱。我這一路上犯了很多錯。我沒有正確飲食，我沒有過健康生活，以至於要為這些錯誤付上代價。希望你不要重蹈覆轍。」

因此儘管貝比．魯斯的傑出體育表現非常激勵人心，但那些表現卻挾帶一絲悲哀的氣息。要是貝比．魯斯能更自律一些，他能擁有多高的成就？他本來能夠成為多麼偉大的人？因為是的，就連偉大的人，都還能夠更加偉大。

放縱為人帶來的終究是短暫的快感。可知自律並不是將愉悅感摒除在外，它是我們擁抱快樂的方法。好好對待身體、節制欲望、努力工作、運動、趕緊行動——自律不是懲罰，而是換取快樂。

拿喬治國王與另外一位一國之君「老羅斯福總統」來比較。要說誰最有理由久坐不動，非「泰迪」莫屬了。他出生時體弱多病，他的興趣是研究學問。他有一雙大近視眼，而他的肺比近視眼更慘——似乎連一丁點壓力都承受不了。

他曾經對父親說：「別大聲斥責我，我會氣喘。」有好多個夜晚，嚇人的嚴重氣喘幾乎要了他的命。

但泰迪在爸爸的循循善誘下開始運動。他開始去街上的健身房，並利用自家門廊裝設的體育器材運動。這樣的運動習慣一直維持到攻讀哈佛大學。泰迪不僅重新打造自己的身體，也重新打造自己的人生，甚至在某種程度上，重新打造了這個世界。他說這是「刻苦奮鬥的生活」，說這是起而行、充滿活力的人生，以及最重要的一點，讓身體運動的人生。

走路、划船、拳擊、摔角、健行、打獵、騎馬、足球，羅斯福什麼運動都會。他幾乎沒有哪一天不積極運動、參與體育活動或走入大自然。就連當上總統，他都維持積極運動的態度，令許多年輕人汗顏。羅斯福寫道：「在白宮那段時間，我總會在下午時段，抽出一、兩個小時運動。」

每天運動一、兩個小時！他還是一位總統！

你覺得誰早上醒來以後會比較快樂？是一生享樂、懶惰的喬治國王？還是選擇「刻苦奮鬥的生活」——與人打網球或在岩溪（Rock Creek）或波多馬克河（Potomac River）的冷水中游泳——身上偶爾運動痠痛的老羅斯福？就算受傷（例如他當總統的時候曾在一場拳擊比賽中受傷而失去一隻眼睛的視力）他的人生也過得比較美滿！

你覺得泰迪會如何看待現代人久坐不運動、仰賴數位科技的生活？或太忙、太累無法運動的藉口？

人不只是為了存在而活著。我們來到這個世界不是為了整天無所事事、找樂子。大自然給了我們不可思議的禮物。我們是頂級掠食者，我們是經歷數百萬年演化才出現的卓越產物。你會選擇如何運用這份慷慨的禮物？要白白讓自己擁有的資產日漸萎縮嗎？這不只是個人的選擇，它影響了我們全部的人。

有近半數美國年輕人無法從軍的理由是健康或體位因素。不加節制不是能夠開玩笑的事。過度飲食不好。它不只是我們個人的生存問題，而是整個國家的安全問題。

如果我們追求卓越，如果我們想成為具有生產力、勇氣十足的社會尖兵，我們就必須照顧好自己的身體。除了上健身房鍛鍊，也要在廚房照顧好身體。健康飲食和不濫用藥物或過度飲酒，是極其重要的環節。你是一輛高級跑車，請為自己添加合適的汽油。

斯多葛學派的莫索尼烏斯・魯弗斯（Musonius Rufus）解釋：「哲學家顯然應該要讓身體處在適合運動的狀態，因為身體是在生活中實踐美德所不可或缺的工具。我們鍛鍊自己習慣冷熱、耐受飢渴、少量進食、睡硬床、遠離享受和在艱苦環境保有耐心，也是在培養美德。透過這些事物……身體會變得強壯，能夠耐受辛苦、學習，並準備好應對各種任務。」

人生充滿各式各樣的難關和挑戰，工作不見得總是會很順利。但運動呢？運動是我們可以控制的事。在這個範圍裡頭，只有決心和意志有可能是你的阻礙。

游泳、舉重、練柔術、長途散步，你可以選擇運動的方式，但如何運動很重要：一定要積極。每天拿下屬於你的勝利。如塞內卡所說的嚴格對待身體，如此一來，身體才不會不受心靈控制。因為鍛鍊肌肉的過程，也在鍛鍊意志力。更重要的是，你是在多數人懈怠的時候，去磨練自己的意志與力量。

你難道不覺得，一九〇二年泰迪要解決煤礦工人罷工的問題，過程中也有感到疲憊的時刻嗎？你難道不覺得，對抗商業信託及其律師和替他們講話的媒體人，使人筋疲力盡嗎？你能想像，演講前被刺客擊發的子彈穿透胸口是什麼感受嗎？

是的，他想要放棄。是的，他知道自己來到極限。是的，他知道自己**可以**少做一些——其他領袖一定覺得不需要做得那麼多。可是他永遠也無法接受那樣的自己。

他繼續前進，他有經驗了。他知道，腦中那個訴說疲勞、軟弱的微弱聲音，並不需要每一次都注意聽。

他受過這樣的訓練。

他知道自己的能耐。

他把身體訓練好了，可以要求身體完成必須完成之事。

拒當奴隸

他登陸諾曼第。

他打敗納粹，占領德國。

他出版自傳，並累積財富。

一九四九年，他能夠繼續征服的只剩下他自己了。

於是，一輩子與自我意志抗衡的艾森豪，在一生戎馬之後，對自己下達這樣的指令：**戒菸**。

他就那樣開始與維持了三十八年的習慣對抗。以他的人生閱歷來說，三十八年或許不算什麼，但有癮頭的人都曉得，對抗內心的惡魔，有可能比對抗外頭的敵人更難。傳記作者吉恩・愛德華・史密斯（Jean Edward Smith）寫道：「沒有幾個公眾人物擁有像艾森豪的意志力。他抽了一輩子的菸，每天抽上三、四包，說不抽，就不抽了……從此以後，再也沒有碰過一支香菸。」

他對副官說：「戒菸的唯一辦法就是直接戒掉，於是我不再抽菸。」沒有人「要求他」，也沒有人能夠要求他，他認為自己有責任這麼做。戒菸可以讓他活得更久。保護和掌控身體讓他能夠繼續替世界服務——他首先是領導北大西洋公約組織，接著又在緊張不安的時局，當上美國總統。

那麼你呢？你對什麼上癮？你無法沒有什麼東西？

一九四九年，艾森豪戒菸那年，某個尋常的下午，物理學家費曼正在忙著做自己的工作，心中萌生一股渴望飲酒的念頭。那不是太強烈的欲望，但想要喝酒的念頭令他不安，那股欲望與辛勤工作後獎勵自我的愉悅感截然不同。於是費曼在那一刻當場立刻決定再也不喝酒了。他認為，不該有任何事物能對他施予如此強烈的影響。

他要在像下面的歌詞所說的犯錯懊惱之前戒除惡習：

再也不會那樣
這是你上一次
發誓過的

「自我掌控」的核心概念是：從直覺反應，拒絕外力對我們的掌控。有一位專門研究上癮行為的專家指出，當人無法「自由選擇不做某件事」，他怎麼會是自由的人？

我們說我們要獨立自主，卻心甘情願臣服於訴求「愈多愈好」的惡習。那些習慣說，少了它們，你會變得不快樂、飢渴、孤獨、痛苦、軟弱。

那樣不是很悲哀嗎？

塞內卡指出，即便是奴隸的主人，也受制於奴隸體制的責任枷鎖。他問：「告訴我，誰不是奴隸？某個人是性的奴隸，某個人是金錢的奴隸，某個人是野心的奴隸，所有人都是希望或恐懼的奴隸。」他說，不管你依賴什麼，第一步都是認識你所依賴的人事物。接著要戒除依賴——離開你的情婦、戒絕你的工作癮、擺脫你對權力的貪念，戒除任何依賴。

現代人可能會對香菸或汽水上癮，對社群媒體的按讚上癮，或對看有線電視新聞上癮。不管那是不是社會接受的行為，重點在那對你有沒有好處。艾森豪的習慣會害他喪命，我們許多人的習慣也是如此，它會在不知不覺中，慢慢奪走你的性命。

但就算不會，就算那是無害的習慣，我們為什麼接受肚子或胯下……或現在看起來幾乎與我們在肉體上密不可分的裝置，所發的指令？我們不由身體主宰，也不由習慣主宰。

我們要當自己的主人。

某種程度上，比起習慣本身，你所真正戒除掉的「依賴性」更為重要。佛教徒將其稱為「渴愛」（taṇhā），一種**渴求**與**熱望**的心情。不管那是什麼，一段時間後，你或許可以再度將其當作單純的娛樂——但即便如此，你依然要先戒掉那樣的習慣。你要戒除的並非性愛、按讚數或飲酒習慣，而是要戒除那樣的**需求**。那種需求，使你受苦。

從被藥物毀掉的艾美・懷絲（Amy Winehouse），到被情婦毀掉的老虎・伍茲（Tiger Woods），有許多才華洋溢的人被身上的寄生蟲破壞一生（這些寄生蟲需要不斷餵食，永無飽足之日），令世人感嘆不已。付出代價的不只是單一個人，而是所有人類，影響所及包括永無完成之日的交響曲、永遠無法實現的英勇事蹟、沒有付諸實踐的美德善行、可能促成的平凡日子。

我們必須謹記，奴隸制的基礎是不幸與殘酷，它是一套效率低落、差勁的經濟體制。為什麼要成為奴隸?!甚至，受制於快樂感會遞減的事物？

請思考下面的問題，看看你會不會從中獲得啟發：如果這是今天才剛發明出來的事物，你會去嘗試嗎？如果在今天有人第一次向你推薦酒精飲料，你在了解一切影響及風險的情況下，還會冒風險飲酒嗎？如果某一款應用程式今天剛推出，你知道現在會花多少時間在上頭，還會下載這款應用程式嗎？如果你知道升職和工作成就雖然會讓你富有，卻同時導致你與配偶離異、過著不快樂的生活，多年前的你，還會欣然選擇升職嗎？話說回來，就算現在已經開始這麼做，你也不一定要繼續下去。當時的無知，與你現在是否**選擇**這麼做，並無關聯。

每個人都有用來消除焦慮不安的壓力應對機制……但當你大量使用，那套做法很快便會使你完全感受不到刺激。這些事物也許能給予安慰，但它不是我們的好朋友。盧·蓋瑞格的教練發現他為了消除緊張在上場前喝點小酒時，就是要告訴他這個道理。他要說的是：**你不會喜歡這條路帶你前往的方向，那些路總是邁向一樣的結局**。

無論那是什麼樣的壞習慣，不管它是如何支配著你的人生——無論社會是否認可——你都必須將其戒除。不論是立即戒斷，還是尋求專業幫助，不管那是什麼樣的習慣，都要澈底遠離。

不管你是否掌握權力，每一個人都有必須抗衡的壞習慣，回過頭去戰勝惡習，永遠為時不晚。

艾森豪戒除惡習的時候五十八歲，而他所要戒除的惡習維持的時間，幾乎等同於一個中年人的年紀。

但那並不重要。重要的是我們今天如何行動。
我們選擇不再當惡習的奴隸。
我們選擇自由。
我們拯救自己並（繼續）拯救世界。

避免過剩

老加圖（Cato the Elder）身上的衣服，價值從來不會超過幾美元。他經常跟奴隸一起下田工作，並跟奴隸喝一樣的葡萄酒。他在公共市集買食物，拒絕使用代表上流社會階級的奢華飾物。

他說：「當一樣東西過剩，它就不便宜了。」

他不會買不需要的物品……如果那是他不在乎的東西，他不會管其他人是否在乎。不過像這樣節儉度日，重點不在於剝奪，而是不產生依賴心。老加圖深受他心目中的英雄馬尼烏斯．庫里烏斯（Manius Curius）所啟發，住在一間簡樸的房屋裡。庫里烏斯是一位偉大的征服者。在庫里烏斯最有勢力的時期，有一些人被派去賄賂他，卻發現他在廚房熬煮蕪菁。他們立刻了解到任務失敗了。一個物欲低成這樣的人，不可能被別人誘惑。

當欲求比需要更多，會變得脆弱。當我們過分擴張，當我們**向外追逐**，會無法自給自足。這就是老加圖拒收昂貴禮物、從事政治活動不收取分文、外出幾乎不帶僕人、保持事物簡單的理由。

有個人曾經問一位斯巴達國王，斯巴達人從「斯巴達式」習慣，獲得了什麼好處。他回答：「我們從這樣的生活方式獲得了自由。」

拳擊手魯賓・卡特（Rubin Carter）是怎麼熬過大約十九年的冤獄的？他所憑藉的恰好與財富相反。他在監獄裡刻意不接受任何會帶來舒適的基本用品：他不睡枕頭、不聽廣播、不用毯子、不看電視、不看色情片。為什麼？因為那樣一來，他就沒有任何東西可以失去。因為那樣一來，獄卒就沒有可以對他施加影響的著力點了。

對自己稍微苛刻一點，就比較不會被別人刁難；嚴格要求自己，可以去除別人對我們的影響力。

量入為出的人能夠比無法節制的人擁有更多的自由。正因如此，藝術家米開朗基羅雖然沒有過與老加圖同等的簡樸生活，卻也不接受有錢業主餽贈的誘人禮物。他不希望虧欠別人。他明白，真正的財富是能夠獨立自主。

老加圖或米開朗基羅的生活看似艱困，但從許多方面來看，那卻是比較容易過的生活。少一些煩惱，少一些需要拍馬屁的人，沒有需要羨慕的事物……或不必擔心忌妒你的人會從你身上搶走什麼。

要記得：過度地擴張或付出，而導致債主找上門的人……或領取高薪，而無法承擔失去工作的人，不會過得比別人快樂。被困在不斷加速的跑步機上，而沒有實際前進的人，不會過得比別人自由。

我們常開玩笑說，沒有〔填入某樣奢侈品〕會**死**。但實際上我們會認真地問：怎麼可能有人能在沒有這樣東西的情況下過生活呢？

答案是什麼？他們比你堅強。

編輯麥克斯威爾．柏金斯（Maxwell Perkins）的壁爐架上刻著：「愈豐富的人，需求愈少。」去除不必要、過多的物品後，就只有你自己了，餘下的才重要。

你怎麼知道什麼是多餘的東西？這個嘛，其中一個指標是**別人**有多想要你接受那樣東西。沒有安全感的人會一直想要強迫我們喜歡他們。另外一個指標則是：你對這樣事物的興趣是否來自想要**追趕上他人**，還是**害怕錯過什麼**。問一問自己：我或所有人一直沒有那一樣東西，不也活下去了嗎？上一次我獲得了渴望至極的事物，又如何呢？獲得那樣東西之後的感覺維持了多久？（是不是買完就後悔了？）你要怎麼知道，擁有這樣東西以後，真的會讓你過得更輕鬆？因為上一次你渴望至極的事物，也沒有幫助你活得更輕鬆！去翻翻你的雜物抽屜或櫥櫃深處，你就曉得了。

想一想短短幾年前你所擁有的東西還比較少的時候，你是不是過得比現在更滿足？當時你是不是過著簡樸許多的生活……只擁有必需品。當時你是不是需要得比較少。你回頭看年輕時奮鬥打拚的生活，你會覺得自己當時活得很貧乏嗎？你會覺得當時活得很辛酸嗎？

通常不會。那些是很快樂的日子。我們可以說很想念當時。那時候事情比較簡單，生活比較清晰、明確。未來接觸的多數奢侈事物，我們當時甚至並不曉得它們的存在。我們沒有那樣的渴求，連有那樣的可能性都不知道！

那些東西只是讓你不自由、變得有依賴性。

你的欲望愈**小**，就愈有**財富**、愈**自由**、愈有**力量**。

就是如此簡單。

整理書桌

羅伯特．摩斯（Robert Moses）不是一個對人親切的人，但他做事很有成效。他在自己還很有影響力的幾十年間，完成了大部分的人都不相信有可能完成的事——他一手打造了約兩百五十萬英畝的公園綠地、六百五十八個遊樂場、四百一十六英里長的公園大道、十三座橋梁，以及房屋、隧道、體育場、市民中心、展覽館——他總共在紐約各地建造了大約兩百七十億美元的公共建設。他不只克盡己責，其他工作也做得很好。他有四十四年同時身兼另外十二個身分，包括：紐約市公園管理局長、州能源委員會主席、三區橋與隧道局長。

當你行經西側高速公路，那是摩斯的建設。當你由三區橋橫越哈林河，那是摩斯的建設。當你前往尼加拉瀑布州立公園，那是摩斯的建設。當你前往瓊斯海灘遊玩，那是摩斯的建設。當你在阿斯托里亞的游泳池游泳，那是摩斯的建設。一九六四年和一九六五年的紐約世界博覽會場是摩斯的建設。中央公園動物園、謝亞球場、布魯克林炮台公園隧道、瓊斯海灘劇院、林肯中心也都是摩斯的建設。

摩斯的傳記作者說，他的成就塑造及定義了一九二四年至一九六八年的紐約市，你無法拿其他前輩或後人與摩斯相比，甚至無法拿其他城市與摩斯的建設相提並論，因為摩斯的建設規模堪比「世界文明」。

他是怎麼辦到的？

就是憑藉馬基維利式的純粹力量。那是一種瘋狂的工作態度，全然不去考慮附加的損害，也不在意後果，以強烈的野心，努力不懈地想要將他的標誌烙印於紐約的道路、公園與天際。除此之外，不管你是尊敬他，還是鄙視他，你都必須明白一點，那就是，他的成功祕訣其實很簡單：一張整潔的書桌。

其實羅伯特．卡羅（Robert Caro）曾說，那嚴格說來並不是一張書桌。摩斯偏好在大桌子上工作，因為大桌子可以提升工作效能，而且工作流程比較順暢。摩斯認為事情就是要**處理**：事情來了，就做。信件、便籤、報告書，不但不留在桌上，更不會堆積。卡羅描述摩斯的這套機制：「因為桌上沒有抽屜，所以沒有藏文件的地方，你無法逃避煩人的問題，或不好回覆的信件，你只能想辦法處理掉。」

摩斯將書桌和辦公室維持得很整齊，在維持整潔的過程中將工作逐一完成。

那你呢？

你可能會發現自己被成堆的文件淹沒，或者在數位裝置上，收件匣塞滿了郵件，桌面上擠滿了圖示，手機上又有無數的應用程式圖示。你開始感到壓力山大，進度落後，似乎總是找不到所需的東西。你不斷重整順序，滾動頁面，搜尋尋找，甚至把東西來回移動，但在這個過程中，你卻浪費了寶貴的每一秒。這些寶貴的時間積累成了寶貴的每一分鐘，每一小時。你開始陷入混亂之中，無法避免地分散了注意力，讓自己感到疲憊不堪。

這就是作家葛瑞琴．魯賓（Gretchen Rubin）要告訴我們的道理：**外在有序，內心平靜**。

想要能夠仔細思考、好好做事，你不是要從內心世界著手，而是要先動起來，把周邊環境清理乾淨。

摩里森曾經解釋：「我告訴學生，他們需要知道的最重要的一件事情是：什麼時候最能發揮創意。他們要問一問自己：什麼樣是理想的書房？要放音樂嗎？還是要安靜無聲？外頭一片混亂，還是一片寧靜？我需要什麼樣的環境才能發揮想像力？」

無論某人職業為何，凡是被問到「在什麼時候狀態最佳」這個問題，幾乎不會有人會說：「要四周堆滿了文件、骯髒碗盤、喝到一半的水瓶，而地板還沒拖乾淨的時候。」當健身房的重量訓練區砝碼堆疊整齊、啞鈴放置在該堆放的地方，使用者運動起來成效較佳。工匠在整齊的工作坊工作比較安全。當體育隊伍的更衣室是整潔的，他們的表現會更好。當會議室布置得整潔清爽，開會效率比較高。將軍會將營區寢室打理得一絲不苟、一塵不染，以身作則嚴格要求士兵遵守軍隊紀律。

成就偉大事蹟的地方是神聖的地方，必須尊敬以待。

因為當你能夠安於雜亂的工作環境，你就能夠接受把工作做得很草率。不去想辦法消除周遭噪音，你將錯失繆思女神的訊息。當一個人容忍不必要的磨耗，對其置之不理，他總會有耗盡精力的一天。

重點當然不在仔細刷洗環境，而在維持秩序，也就是斯多葛學派說的「kosmiotes」（維持秩序）。廚師們說「mise en place」（各就各位），意指開始認真動手工作之前，將一切準備及整理妥善的功夫。不會有什麼東西灑到其他東西，不會發生隨機事件，中途不會有妨礙工作的事物，也不會有什麼迫使某件事或某個人放慢進度。

想像一下，當你遵守紀律，先積極將一切準備就緒，你能完成多少工作？如果你用心打點秩序，並實踐這樣的紀律，你能完成多少工作？別把那看作是額外的義務，或是需要額外擔心的事。因為實際上，那樣做令你自由。

建立一套機制、建立秩序，唯有那時，你才能夠全力發揮，將自己交託給瞬間閃現的強勁創造力，或將體能推到極限、大膽發明、大膽投資。

如小說家古斯塔夫．福樓拜（Gustave Flaubert）所說：

「你要規律有秩序地生活，才有可能在工作中發揮爆發力及原創力。

把書桌整理乾淨，把床鋪整理乾淨，把事物打理得井然有序。

現在就動手去做吧。」

去就對了

愛迪生傑出的地方不在他的頭腦，而是一種平凡得多，而且往往不太被人看重的東西。

他曾經說：「我沒有想像力。我從來不作夢。我沒有創造過什麼東西。」如果你不喜歡愛迪生，你也許會認為愛迪生是在承認，他從其他更聰明的發明家——例如尼古拉·特斯拉（Nikola Tesla）——那裡竊取發明。

儘管事情並非如此，但愛迪生的確毫不諱言，大部分的功勞不是歸給他的頭腦。愛迪生說：「**天才**會不分晝夜整天待在實驗室，一有動靜他會當場知道，假如他不在實驗室裡，那些事情依然會發生，差別只在不是由他發現。」

他在談的是**不缺席**。每天準時出席，好好坐在你的位子上，就會有幸運降臨。這是一股被人低估、不可思議的力量。愛迪生住在實驗室裡，沒有任何一天缺席——他和蓋瑞格一樣，不論生病、身體疲憊，還是發生了悲慘不幸的事件，都不缺席。

源自愛迪生實驗室的種種現代便利設施，之所以會出現，主要歸功於他的身體力行，而不是他的腦袋；要歸功於堅持貫徹的複利效果，而非聰明才智。重點不在發明的靈感，而在實際努力。

你要到場嘗試。踏上跑步機、拿起小提琴、回覆電子郵件、動手描寫幾個場景、聯絡幾位客戶、讀幾份報告、做點重訓、慢跑個一英里、劃掉待辦清單中的一件事、追查線索。

這種自我約束的紀律，不分事情，能在人生的每個方面為你帶來好處。阿諾・史瓦辛格在看不見盡頭的新冠肺炎疫情時期，對想要維持體態和生產力的人說：「你只需要每天去做，那才是最重要的。」

當你很累……

當你不必這麼做……

即使有藉口……

即使很忙……

即使這麼做不會受到認可……

即使你這一陣子被搞得焦頭爛額……

……你也不缺席。

當你有了成果，就能以此為基礎，繼續發展。一旦開始動手，你將獲得更大的前進動力。當你不缺席，你能斬獲幸運。還是很難嗎？對。但好消息是，正因為很難，大部分的人都做不到。他們沒有堅持出席，甚至無法一天完成一件小事。

因此是的，你是獨自在雨中前進的孤行者。只有你一個人在聖誕節還在回覆訊息。但是走在前面的人，本來就有一點孤獨。這也是早晨安靜的原因。你可以獨享早晨的所有好機會。不要去想著創紀錄……只需要按表操課，沒有藉口。諷刺的是，這也是打破紀錄的好方法！

貫徹是一股超能力。能夠每天堅持下去的意志力非常稀有。盧・蓋瑞格不僅在守備位置上表現穩定可靠，同時也是一名優秀的打者。*但是他的成就其實奠基於不會三天打魚、兩天曬網。假如他能像平常那樣出賽、不受肌肉萎縮性側索硬化症纏身之苦，他的球員生涯總數據很有可能會超越貝比・魯斯。

蓋瑞格不只做到在身體受傷或疲累時如常出賽，他還必須挺過倦怠、自我懷疑和那些單純「無心上場」的日子。他跟所有人一樣有低潮期，但他也了解低潮期代表的

---

*小卡爾・瑞普肯（Cal Ripken Jr.）亦是如此。他在五十六年後打破了蓋瑞格的連續出賽紀錄。

意義。他在小聯盟打球時曾經打擊表現不佳，想要放棄。洋基隊老闆請球探帶蓋瑞格用基本數學拆解平均打擊率的意義。一名優秀的打者要達到三成打擊率，三成五是很高的打擊率了。打擊率平均四成，幾乎聞所未聞。這些數據代表什麼？**每上場打擊十次，有六次不是安打**。

打者甚至有可能好幾天、好幾週，連球都沒有揮擊出去！球探這樣告訴他：「年輕球員要學會明白一件非常重要的事，就是你不可能每天拿出好表現。」你不必隨時維持在最佳狀態，但你一**定要**堅持上場。重要的是，你要留在球場上，把握下一個打數。

邁向偉大的第一步是要堅持上場，並且撐過如史坦貝克（John Steinbeck）在《伊甸園東》（*East of Eden*）所描述的「閒散日子」（dawdly days）——也就是事情老是不對勁、你就是沒什麼心情做事、就是無法專心的時候。

就是如此而已。

沒有那樣的自律心，你無法成就大事。

每天一件事，不斷累積。每一天都在累積實力。

累積到可觀的數量，才會產生亮眼的紀錄。

在小事下功夫

即使已經是全國萬中選一的新人球員，即使人生幾乎每一天都在做這件事，加州大學洛杉磯分校每次球季開打，約翰．伍登（John Wooden）教練依然會在球隊的第一次集會上，讓球員做這個簡單的練習。

他說：「大夥兒，你們要這樣穿鞋襪。」

球員們絕對想不到會聽見這樣的話。他們沒有料到會從體育史上勝率極高的教練口中聽見這樣的指示。但那正是他們所需要的，而且他們會明白那是替他們在球場上和生活中贏得勝利的祕訣。

籃球比賽在堅硬的地板上進行，所以運動員的鞋子非常重要。如果鞋子沒穿好，腳上可能會起水疱，可能因此引發感染、在運動途中側重單腳、在彈跳起來搶籃板球時做錯動作、扭傷腳踝、膝蓋嚴重受傷。

伍登解釋：「只要短短幾分鐘，但我一定會告訴球員，我有什麼樣的要求。襪子拉高，把小指附近和腳後跟附近的摺痕好好拉開，整雙弄平。腳要套進鞋子的時候，襪子要拉高。而且鞋子一定要完全打開，不能只拉開最上面的鞋帶，每一個鞋孔的鞋帶都要拉緊，綁好鞋帶。接著再打一次結，鞋帶才不會鬆開——我不要你練球練到一半，或比賽打到一半，鞋帶鬆掉。」

想當然，我們都認為自己不會不知道這樣的小事。

我們還有更重要的事情要思考。我們想做更使人興奮、不那麼基本、沒那麼基礎的事。

我們想要迎接「真正的」挑戰，不想浪費時間檢查清單、運動前拉筋暖身，不想浪費時間閱讀說明書，而想直接動手。

但重點就在這裡，唯有先把小事做好，才有能力處理大問題。不管策略多麼高明，沒有**後勤**的支援，你無法成功。

偉大的海軍上將李高佛（Hyman Rickover）曾說：「魔鬼藏在細節裡，救星也在細節裡。」

反過來說，亦如魯莽、不負責任的薩爾達・費茲傑羅（Zelda Fitzgerald），在沒有太多自我意識的情況下所感嘆：「人們總是用未了結的小問題把自己絞死。」

專注於表面形式，對小事下功夫，能讓我們變得更強大。事實上，這樣做比貿然投入某件事情，進而可能面臨更棘手的問題，更能增強我們的力量。忽略小事，只會使我們變得脆弱。

哲學家愛比克泰德問：「粗心能造就任何事嗎？當然不能！」不管你是木匠還是運動員，不管你是投資者還是步兵軍官，偉大藏在細節裡。照顧好細節需要自律。即使沒有人注意……或關心，也要求自己做好。

這個概念或許可以追溯到遠古時代談論馬匹的格言詩。這首詩以「缺少一根釘子，馬蹄鐵就不見了」起頭。之後因為缺少馬蹄鐵，導致馬匹走失；少了馬匹，也沒了騎馬的人；沒了騎馬的人，訊息就送不到；訊息送不到，就輸了戰爭；輸了戰爭，整個王國都沒了。**缺少一根釘子，整個王國都沒了**。

因為一顆水疱，比賽輸掉了。

因為忽略一件小事，因為沒有嚴格遵守紀律，導致失去一切。

拯救自己，也拯救世界。把小事情做好來。

趕緊行動

這個樣子，真是氣人啊。可是，幾乎每一場軍事衝突的信函與戰報，都有它的身影。也許是恐懼，也許是懶散，也許是管理不善，總是有將軍無法調動他的部隊。作戰，是他們受了一輩子的訓練，但當交戰時刻來臨，他們卻遲遲不行動。

例如，美國內戰期間，喬治．麥克萊倫（George McClellan）將軍無法迅速投入戰鬥，澈底激怒所有與他共事的人。林肯到戰場見過麥克萊倫以後，藉由奚落把車子停住的指揮官，對著太太開玩笑說：「再這樣靜靜坐下去，都要被拍照了。我想，如果是麥克萊倫將軍，應該沒什麼問題。」林肯的祕書說，經過林肯數度以「尖棍」刺激，麥克萊倫才終於在一八六二年，花了九天發兵橫渡波多馬克河，對抗李（Lee）將軍。

麥克萊倫是優秀的軍人，但是對他來說，後勤補給部隊，以及他的保守心態、權利、偏執思維、警戒心，在在重壓著他，以至於他就是無法趕快做、迅速行動，對等待他做出決定的人漠不關心。更糟糕的是，真正發兵對抗敵軍，他也心不在焉，經常虎頭蛇尾。就像安提耶坦之戰，他雖然對李將軍的軍隊發動了猛烈的炮擊，之後卻拒絕繼續攻擊。

他擁有一**切**資源、能力、人力。只是**沒有**全心投入。＊

他當然有打仗的勇氣，但他沒有足夠的勇氣，去發動或完成知道可能會輸掉的戰爭。他缺乏鞭策自己的自律精神。

歸根究柢，戰爭——以及生活——就是要起身行動。縱使害怕、覺得窒礙難行或無法百分之百肯定，你仍然要全心投入。

軍事將領說他們看重**敏捷**，意思是要能迅速積極行動。在世界一流的「本質餐廳」（Per Se）的牆壁上，寫著座右銘——**警覺心**（A sense of urgency）。用比較實際的話來說，就是要**趕緊行動**。不論商場、體育圈或戰場，傑出的人都深諳此道。不知趕緊行動的人呢？只能感嘆**原本可以完成的事**。

會去看時機**選擇性**嘗試的人，終究容易選錯和背叛隊友。就像曼尼．馬查多（Manny Machado）在二〇一八年美國聯盟冠軍系列賽的表現。他將球擊向游擊和三壘

＊有些人懷疑麥克萊倫想讓兩邊耗盡資源，透過談判達成和平，同時保全北方聯邦政府與奴隸制度。

間的深遠位置，因為沒有全力跑壘，而被游擊手長傳刺殺出局。後來，他對記者表示：「我不是那種會全力衝刺、滑向一壘的**拚命三郎型**球員。我就不是那種個性，我不是那種類型的人，那不是我。」

請想像一下盧．蓋瑞格會怎麼想？洋基隊要求所有球員：「每一次都要竭盡全力奔跑，因為你永遠不知道結果如何。」偉大的球員根本不需要別人提醒你該這麼做——那應該已經深植在他們的血液裡。蓋瑞格會說：「球員沒有藉口不拚命。我相信所有球員在球場上，都該為自己、為球隊、為觀眾拚盡全力。」

如果你不是拚命做事的人，那你是什麼樣的人？指望你的人會因此如何？

雖然馬查多隔年以自由球員身分簽下重量級合約，但他的首選球隊洋基沒有與他簽約。洋基隊老闆解釋了原因：「沒有全力以赴，不符合我們的棒球精神。」

球迷要評論或批評球員很容易，但運動賽事（或戰事研究）不該只有這種功能，它應該要是一面鏡子。

我們心中都有一小部分的麥克萊倫，有一小部分的馬查多。我們覺得累，覺得害怕，知道事情會很辛苦。我們享受權利、愛慕虛榮，看不透事物的核心。我們不想表現出愚笨的樣子。

我們必須鞭策自己克服那些阻力。

拿破崙說，**你也許會輸掉戰爭，但不能把時間浪費在懶散上**。

很少人能夠完全拚命做事。你是同事和客戶需要時能夠指望的人嗎？還是你需要他們鞭策你行動？需要他們央求你？需要他們一再重申事情多麼**緊急**？

如果是那樣，你是個什麼樣的人？

所以讓我們敦促自己表現更好、全力以赴吧。因為在乎而趕緊行動。因為我們在乎比賽，因為我們在乎理想。

趕緊行動，因為你永遠不知道那是否會產生影響、不知道有沒有人在觀察、不知道那會不會是我們的最後機會、不知道「慢下來」是否會使我們失去一切。

我們應該每一次都要全力跑壘。跑，就對了。

因為我們是這樣的人。

慢下來，是為了更快

屋大維年僅十八歲，就由凱撒大帝指定為其繼承人。十九歲時，他在市政廣場上，手指養父的雕像，對羅馬的上層菁英發誓，他必將與養父的成就並駕齊驅。這是一個很有前途的年輕人——如俗話所說，**行動迅速**、**積極進取**。但他成為值得尊敬的「奧古斯都大帝」並不是因為快速的行動。

總之並非如你所想。事實上，他在兩位偉大的斯多葛學派老師「阿提諾多洛斯」（Athenodorus）和「阿里烏斯．狄迪穆斯」（Arius Didymus）的建議下，按部就班、非常有耐心地，從儲君一步一步成為真正的一國之君。他有十年期間與馬克．安東尼（Marcus Antonius）共治羅馬，並用將近五年的時間，擔任元老院首席議員（Princeps senatus）。最後才在西元前二十七年宣布成為奧古斯都．凱撒（Caesar Augustus）。

他取得令人矚目的成功，但和多數前任或繼任君主不同的是，他的成就真的往下延續了。因為那樣符合他最喜歡的一句話**急事慢做**（festina lente）。

歷史學家蘇維托尼烏斯（Suetonius）告訴我們：「他認為，在接受過良好訓練的領袖身上，最不適合出現的特質就是匆忙和輕率。」蘇維托尼烏斯寫：「因此，他最喜歡的幾句話是，**愈是匆忙，速度愈慢。指揮官寧可穩健，不可冒失。做得好，就做得快**。

是的，趕緊行動很重要。我們不能耽擱、拖延或做事慢吞吞。是的，我們必須迅速行動。與此同時，也要踏著有紀律的腳步。匆忙做事、將效率置於成效之上、忽略「小事」的人，終究不會多有效率。

屋大維繼任羅馬皇帝時，羅馬是由磚頭砌成的城市。他說，他很自豪，將羅馬打造成由大理石砌成的偉大帝國，留給後人。那需要花時間，需要把很多小事情做對，但成果是值得的。

快速前進很容易，卻不見得是最佳途徑。當兵的人喜歡說：「慢即穩，穩即快。」事情做對了就會快。做得太快，不會做得對。

我們如何在趕緊行動和急事慢做之間取得平衡？

美國內戰的另外一位將軍喬治．湯瑪斯（George Thomas）或許是我們的最佳範例。湯瑪斯不以行動快速著稱。事實上他有「小步慢跑老馬」（Old Slow Trot）的綽號。這跟他擔任騎兵指揮官時遵守的一項紀律有關。但他並不是真的行動緩慢，他是個深思熟慮的人。他堅定不移，未達目標不半途而廢。即使面對敵人的大規模攻擊，他依然堅定對抗（換作只打好打的仗的將軍，例如麥克萊倫，應該很快就被擊垮了），也因此贏得「奇卡磨加之石」（Rock of Chickamauga）的美名。湯瑪斯曾在納什維爾之戰，與格蘭特（Grant）將軍意見相左，沒有接受「馬上攻擊」的指令，去及時快速地回擊胡德（Hood）將軍的軍隊。他花了太久時間準備，令格蘭特大為光火，導致格蘭特親自前往戰場，將他調離職位。

但這對湯瑪斯並不公平，那個例子恰好說明了，人為何不該一味趕緊行動。格蘭特認為湯瑪斯拖拖拉拉，沒有快速應戰。事實上他全心應戰，行動慢是因為他要先把每件事情做對。他已經做好充分準備、備齊了足夠的物資、為軍隊做足訓練，等適當的進攻時機到來，**才要**一舉快速進攻。一八六四年十二月，湯瑪斯在納什維爾之戰剿滅敵軍，為戰事奪下至關重要的一場勝利。

「小步慢跑老馬」是一塊堅固的岩石，當這塊岩石開始滾動，誰也阻擋不了。*

那就是急事慢做。

幹勁加上穩健。慎重行事。熱切中不忘自制。

詩人胡安·拉蒙·希梅內斯（Juan Ramón Jiménez）說：「慢慢來，每件事情都能做對。」領導他人、舉重、跑步，寫作，皆是如此。趕緊行動不是總要急著去做，重點是**正確地**把事情做好。只要你不放棄……慢慢來也沒有關係。我們不是都知道，在龜兔賽跑的故事中，烏龜才是努力到最後的那一個嗎？馬查多和麥克萊倫都是兔子。他們都很優秀，衝刺起來非常快，但卻無法持續。

希梅內斯會對評論家或編輯，甚至對缺乏耐心的讀者說：「你沒有權利因為做得不好，而要求做得好的人動作快。」

因此，我們除了要對其他人（上司、觀眾、供應商，這一些要求我們趕快做事的人）展現這樣的態度，也要對喜歡**去做**（還沒準備好就想開始）的自己，展現這樣的態度。那一部分的我們喜歡戰鬥、喜歡採取行動、想要直接動手。

當然，擁有這股衝動總比沒有好，但若不善加管理，那股衝動會從資產變成負擔。

*湯瑪斯在一八七〇年中風去世，當時他正在寫信捍衛清白，反駁別人說他沒有盡全力打勝仗的指控。

練習……再練習

據說，劍道大師中山博道（Nakayama Hakudo）每天練習拔劍兩千次。他在林崎神社的馬拉松式耐力訓練中，創下了二十四小時之內，拔劍一**萬次**的紀錄。

我們可以想像這需要極快的速度……而且，在極短時間內重複多次拔劍需要刻意規劃。但他究竟為何要這麼做？

因為如屋大維的老師狄迪穆斯所說：「長時間練習可以培養第二天性。」我們不會發揮超常的表現，而是練習多少，發揮多少。

日本武士宮本武藏曾經收到名叫「三宅軍兵衛」（Miyake Gunbei）的劍客的戰帖。三宅軍兵衛認為自己是全天下最厲害的劍客。他一直出劍失敗，在第三次攻擊時，他持劍朝武藏猛衝。武藏早料到會有這樣的情節，做過無數次準備。他告訴軍兵衛：「你不應該那樣。」接著他用劍擋掉對方的攻擊，看著對方的臉被他的另一把劍劃出深長的傷口。

他是怎麼預料到的？

因為練習。

宮本武藏常說**朝鍛夕練**（Cho tan seki ren），從早練到晚。

哦，你已經是這樣了？好，繼續練得更多。

然後呢？

繼續練、繼續練、繼續練。

宮本武藏寫：「練習千日得以發展某項技能，練習萬日得以精進。」對武士來說不能只有「不錯」而已。如果一名不錯的劍士遇到技術更高明的對手……他就會性命不保。如籃球名人堂球員比爾．布拉德利（Bill Bradley）所說：「你不好好練習、付出努力、提升自己，在其他地方的某個人會這麼做……而當你遇到了他們，就會被打敗。」

或被殺死。

軍兵衛很幸運，能夠學到這個教訓，並活著告訴其他人。武藏幫軍兵衛處理傷口之後，軍兵衛接受自己落敗的事實，拜在武藏門下，跟著武藏訓練和練習，再也不急躁出錯。

聽著，這不是做樣子演練。少了練習無法成就偉大。

大量練習。

反覆練習。

這樣的練習累得要命、考驗體力、考驗意志力。

但它正好帶來與上述三種感受相反的好處：

活力。

力量。

自信。

你值得擁有這些。是的，你的身體會感到很痠痛，但那是練習的證明。那種炙熱感能產生真正的動能，動能可以帶你完成工藝、工作和日常生活事物。

大提琴家帕布羅・卡薩爾斯（Pablo Casals）早已成為公認的提琴大師，仍然持續認真練琴，即使年事已高也沒有停止，因為他相信自己仍在進步。事實上，我們可以說進步和練習是同義詞。沒有練習，不可能進步；沒有進步，練習就沒有價值。

從劍鞘拔劍、刺劍、擋劍，想要提高施展這些技能的耐力，你得重訓和訓練體能，而想要將能力統合起來，你得進行模擬練習。演奏樂曲也是一樣的道理。你可以與其他才華洋溢的音樂家們為伍，你可以花許多時間練習新樂曲，但就像卡薩爾斯的做法，在那之前，你可以在房間裡，一個小時又一個小時練習音階。這些音階對你來說有什麼意義？你最好知道，也最好持續練習。

無論如何，練習總能使你做得更好。南丁格爾要年輕護理師們了解，護理工作是一門藝術，需要「像畫家和雕塑家那樣，嚴謹地為工作做準備」。邱吉爾在許多夜晚練習他的「即興」演說。

只有你才知道，在你的領域裡，能夠如何像武士、像奧運選手、像追求卓越的大師那樣操練那一門藝術。只有你才知道，你需要從早到晚不斷練習什麼，以及需要做什麼做上一萬次。

那並不容易，但那樣的重擔裡存在自由與自信。

那是進入心流狀態的快樂，以及第二天性的律動。

練習使你沉著冷靜，因為你知道，自己將在關鍵時刻知道該怎麼做……你將產生自豪感，並對此胸有成竹。

認真工作

據說，作家喬伊絲・卡蘿爾・奧茨（Joyce Carol Oates）的作者簡介，一定會從講她出版過幾本書開始寫起。至少從一九七〇年代開始即是如此，而且七〇年代之後，她還在出版新書。

一九六四年，奧茨出版了她的第一本著作《戰慄的墜落》（*With Shuddering Fall*）。一九八〇年代，她已經出版了十九本書籍。一九九〇年代，累積到二十七本。二〇〇〇年代的頭十年，她又出版十本。接下來十年，又出版十一本。同一時間，她還以筆名出版近十二本小說，並出版四十五本短篇故事集、十二本詩集、十一篇短篇故事、九部劇本、六本青年小說以及四本童書。就連八十歲高齡，她仍持續寫作。這些作品總共累積了多少字數？一千五百萬字？兩千萬字？

但了不起的人物就是這樣。他們不僅從不缺席，甚至付出比練習更多的努力，他們非常認真地工作。

與奧茨同時期的作家，大多是比她名氣更大、會去參加奢華派對的男性。他們傳出不檢點的醜聞、刻意打造文學形象、遇到寫作瓶頸心灰意冷、有不好的癮頭。奧茨則是認真工作與指導他人，並在指導他人後，繼續認真工作。

她認真**寫作出書**。

她說：「我來自於人們不只是光說不練，而是努力工作的世界。所以如果你覺得你就是寫不出來，或你太累，或有這個、那個理由，不要想那麼多，去做好你的工作就對了。」

迄今為止，五十八年的寫作生涯裡，幾乎每一天，奧茨皆如此身體力行。她從為了撰寫初稿，把鉛筆和原子筆的筆尖磨鈍，發展到在潤飾書稿時，把打字機和筆記型電腦用舊用壞。

在古希臘時代，人們不只有詞彙——「philoponia」（耐力）——形容這種孜孜矻矻的工作態度，甚至還為此設立了獎項。「熱愛勞動、熱愛過程」講的就是像盧．蓋瑞格這樣的人。記者丹．丹尼爾（Dan Daniel）曾經在一九三三年詢問蓋瑞格，記不記得自己究竟連續出賽幾場了。蓋瑞格說應該有好幾百場吧。實際數字比他的推估高出不止一倍。奧茨很可能一樣——如果你問她寫過多少書，她很可能會少算。那不是她關心的事。她在乎的是工作——如一位作家所說，「el trabajo gustoso」，愉快的工作——而不是工作後的產物。

她解釋：「我一直過著非常普通而有節制的生活，時間非常規律，不會有特殊的活動，甚至不需要去安排時間。我們每一個人，每一天有二十四小時，做完該做的事情，綽綽有餘。」

現在的人愛「講工作」，而不是「投入工作」。我們喜歡在社群媒體上宣揚。我們會砸大錢買好工具，或把辦公室布置得美輪美奐。

至於動手工作？每天認真工作呢？

聽起來像一大折磨。

有時候**那是**折磨，沒錯！

有些日子，書稿寫得不太順利。有些日子，脆弱令人痛苦。有些日子，尤其是在奧茨親筆寫作的年代，你會手指疼痛、視力模糊。儘管如此，奧茨不因此停筆。

如果你做得對，當你「不去做」，那甚至也會變成一種折磨。雪橇犬沒套上韁繩會感覺焦慮，馬匹想外出踏步，蜜蜂脫離蜂巢會死亡。當你找到一生的目標，**你會自動自發去做**。

舞者瑪莎．葛蘭姆會告訴你，她在歌舞雜耍表演團表演時，所發生的一則故事。

當時她的表演結束後，緊接著上場的是小鳥的表演。只要音樂一下，受過許多年強化和儀式訓練的白色鳳頭鸚鵡，就會興奮得近乎歇斯底里，在籠子裡抓撓敲打，直到上台表演為止。所以她會對沒有盡全力表演的學徒大喊：「小鳥，該死的鳥兒！」連小鳥都那麼賣力了，你不可能不比牠們更求好心切。

有些人問，這麼辛苦能得到什麼回報？他們如果認為，辛苦付出可以換來獎項、名氣、暢銷排行榜上的週數，這樣想就錯了。有些人則是想得到保證——如果我投入一萬小時，是不是就會被錄取工作？我是不是能因此成為專家？然後變得富有？不，事情不是這樣發展。

工作即是獎勵，向來如此。工作的快樂在其本身。它是折磨也是天堂——它能使你費力出汗，也是美好的救贖。

所以你才能夠（心甘情願，而非勉強）*投入大量時間工作。

奧茨說：「我不覺得自己特別努力，甚至完全不覺得是在『工作』。寫作和教課使

*布魯斯．史普林斯汀（Bruce Springsteen）在音樂界裡，工作認真程度數一數二。儘管如此，他仍然表示，演奏音樂的「演奏」稱為「play」是有原因的。

我獲益良多，我並不覺得那是世俗所稱的『工作』。」

不工作，你的人生將不會有所收穫，而當你做著感覺不像工作的工作，當你跟隨帶你套入轡繩、走進田野的興奮感，當你跟隨想要行動、想要開始的衝動，你將進入某種神奇境界。

斯多葛哲學家說，決定你想成為什麼樣的人，**並將工作做好**。

我們會因此獲得肯定嗎？

也許吧，但那是附帶的獎勵。

穿出成功

梅克爾在共產主義垮台之前的東德出生長大。當時東德連基本的奢侈品都沒有。告密者明確表示，最好不要在任何事情上引人注意，尤其是穿著打扮。

一九九〇年，梅克爾在做量子化學家的工作多年以後，從柏林圍牆後頭與世隔絕的學術圈，踏入了政治界。許多人一夕之間開始關注她的外表，大出梅克爾的意料。當政治顧問鼓勵她多打扮一下，梅克爾窘迫得無地自容。

在東方集團國家，人們沒有這方面的心思。但是政治人物**必須如此**。從雙重標準來看，女性政治人物更是必須如此。

一名記者曾經問梅克爾為何總是穿一樣的套裝，沒有其他衣服可以穿嗎？梅克爾回答：「我是公僕，不是模特兒。」

但聰明如她，也把政治稱為「表演」。她決定，要來場不一樣的表演。

她選擇樸素的穿著。她不穿流行或昂貴的設計師服飾。她偏好舒適的鞋子。她喜歡剪四四方方的髮型。她在大部分的日子，以上帝賦予的容貌去辦公室或上電視——

不帶妝容、可立刻工作。她的造型很簡單……但總是很專業，總是很恰當。

梅克爾的批評者和粉絲都喜歡說一個笑話：

「梅克爾怎麼處理舊衣服？她拿來穿。」

大家注意到她的外表……於是她利用這一點來表明，她注重的是謙遜和真實。有些人被捲入遊戲，有些人瞧不起這場遊戲，而不屑參與。梅克爾則是知道怎麼用嚴謹真誠的方式參與其中。

犬儒主義者宣揚哲學家應當拒絕遵守社會的標準與風尚，斯多葛學派並不認同這個概念。犬儒主義者通常穿破爛的衣服，斯多葛學派則是穿得跟普通人一樣。**內在**是否不同，才是重點。

不過他們仍然會拒絕不需要的奢侈品或愚蠢的流行。魯弗斯說：「一個人要把衣服鞋子當作他的盔甲，用來保護身體，而不是用來展示。最有力量的武器和經過精密計算可保護配戴者的裝備，才是最精良的裝備，不是那些閃耀光芒、吸引目光的裝備；同樣的，對身體最有用的衣服或鞋子才是最好的衣服和鞋子，不是那些吸引蠢蛋轉過頭來注視的衣服和鞋子。」

領袖必須顧及小事，並且了解小人物關心的事。穿著打扮是棘手的特殊情況，我們難以藉由穿著打扮，去突顯自己「節制」的一面。你很難說某個邋遢不修邊幅的人非常自律，但另一方面，你也很難斷言注重表面（把衣服燙出明顯摺痕、穿戴名牌或穿時下最流行的服裝款式）而不注重實質效果的人，就是自律的人。

也許那就是賈伯斯挑一套舒服的毛衣和特定品牌的牛仔褲，然後一輩子不改變穿衣風格的原因。那些衣服並不便宜，非常合穿，適合讓他穿去各種場合。那是雋永的穿衣風格……他再也沒有操心過衣服的事。

扎卡里．泰勒（Zachary Taylor）將軍討厭穿軍服，不喜歡展示他的軍階或勛章（他有很多勛章）。但美墨戰爭期間，他和海軍准將大衛．康納（David Conner）在格蘭德河見面時，泰勒將軍仍舊為了讓客人自在，而願意盛裝打扮（在海軍軍官眼裡，完整的穿著打扮，才是得體的穿著）。至於康納准將這邊，則是為了向「對方習慣穿著樸素」展現敬意，穿著便服前來會面！說明了人必須視場合對象變通。

人不會大部分的時間都「在野外」。我們有時候要參加工作面試、出現在攝影機前，或是去見某一位重要人物。不注重表面工夫不代表他人的印象不重要——尤其是當你想要成就大事，或說服別人相信一件事情的時候。外觀很重要……其他人的感受也很重要。那不是全部，但忽略掉有其風險。

整潔（鬍子刮乾淨、衣服燙好）也很重要。這麼做也能帶給我們清晰的頭腦，就像清理書桌能夠帶來驚人的生產力和專注力。所以蓋瑞格在洋基隊的經理麥卡錫才會禁止球員在更衣室裡剃鬍子。他不是不希望球員剃鬍子，而是要求球員們剃好鬍子、準備好上場打球，才過來球場。沒有人能夠在身上穿著浴袍時拿出最佳表現……所以即使今天沒有要出門，你早晨也要淋浴並好好打理自己。把你的鞋子擦亮來……直到閃閃發亮的那個是你。

雖然世事難料，但我們能夠控制一件事，那就是你要用什麼方式去打理自己。把床鋪好、把衣服紮進褲子、用梳子梳頭髮，這些是我們任何時候都可以做好的事情——可以為一團亂的環境注入秩序與整潔。

戰俘和納粹大屠殺生還者曾經談及，即使身處骯髒可怕的環境，他們也會設法保持環境乾淨，並在小地方上打理好自己的外貌。沒有人會指責他們虛榮。相反的，我們了解他們是發揮勇氣，去維護俘虜者試圖偷走的尊嚴。

在小事上下功夫……但不流於表淺。

歡迎來到節制的世界。根據定義，「節制」是在相反事物中取得平衡。

有時候我們必須當一下康納准將，有時候必須成為泰勒將軍。我們必須像梅克爾那樣懂得變通——知道如何善於呈現某種外貌，卻不因注重**外貌**，而耽誤正事，或過度沉溺於其中。

我們穿著得體，但不過度打扮。

我們花心思關心自己……但絕不因此忽略應當照顧的人事物。

我們認真打理自己的外貌……但不過度注重自我。如時尚圈所說，是我們穿衣服，不是衣服穿我們。

我們透過打扮俐落，讓自己保持敏銳，成為俐落幹練的人……因為我們就是俐落幹練的人。

跳脫舒適圈

塞內卡很富有，他繼承了爸爸的房地產，在羅馬帝國各地投資，而且替羅馬皇帝服務，替他累積了更多財富。

儘管如此他會偶爾挑選幾天，只吃最少量的食物和穿最粗糙的衣服。他會主動跳脫舒適圈，刻意體驗赤貧與惡劣的生活條件。他會睡在地板上，只吃麵包和喝水。

或許，你覺得這是享有特權的人才有的優越、珍貴的嗜好，像冰浴或露營那樣。但那絕對不只如此。首先，塞內卡努力確定那是真正的挑戰。他曾這樣寫信建議朋友主動跳脫舒適圈：「要真的弄出一個地鋪來，罩衫也要像樣，麵包一定要又硬、又髒。一次維持三、四天，有時甚至更多天數，這樣才能有真正的體驗，而不只是為了好玩。」

重點不在擁有誇耀的本錢或顯示高尚的道德。塞內卡知道，他的同胞大多數都安靜無怨言地，過著他所刻意體驗的生活。事實上重點就在這兒——他想清楚告訴自己，那非常有可能發生，而且忍受那種狀態很正常。塞內卡接觸並親身體驗許多富裕朋友所擔憂害怕，而極力避免的狀態，告訴自己：

「這是你害怕的嗎？」

塞內卡曾多次親身體悟，而這麼做其實救了他一命。尼祿皇帝做出瘋狂行徑的時候，塞內卡決定離開，二話不說表示願意為了換取自由，拋棄所有財產。尼祿大感驚訝——竟然有人能夠放棄一切？比起金錢，竟然有人更看重榮譽？尼祿勃然大怒，想把退隱鄉下的塞內卡毒死，據說沒有成功，因為塞內卡只以莓果和清水果腹，尼祿毫無下手的機會。

大部分的人窮極一生建造高牆是為了阻擋不愉快的事物……無法理解這麼做會使我們衍生強烈的依賴心態。我們以為成功是永遠不嘗苦頭，除了擁有必需品，更要擁有所有渴望的東西，包括：熱水、好衣服、頂級餐廳用高檔食材做出的美食……還要在幾分鐘內送到家門口——完全不能夠讓肚子餓到。

若有節制這些享受並不為過。過愜意的日子有什麼不好？但我們必須明白，這個世代有許多事物對我們並非好事，那些東西會使我們連一點困難都忍受不了。這個世界把我們給寵壞了……導致我們邁向失敗或受到支配。

我們選擇容易的做法，因為它就擺在我們面前。誰會選擇忍耐寒冷？可以開冷氣，為什麼要熱到自己？有人幫忙拿，為什麼要費勁提重物？可以開車，誰要走路？

那是認識自律的價值的人、甘心離開舒適環境的人。

去跑一場馬拉松。

在地板上睡覺。

搬重物。

動手做力氣活。

跳入冰冷的湖水。

成功會讓你變得軟弱，同時也會埋下恐懼的種子——它讓你難以離開舒適的生活環境，擔心失去那些優越的條件。塞內卡平常沒有過像老加圖的生活，但他知道，透過練習，他可以達到與老加圖相同的水準。

主動跳脫舒適圈可以使我們變得更堅強。平常如果不是過著斯巴達式堅苦卓絕的生活，那麼最好至少要定期練習吃苦，讓自己不害怕吃苦。甘地早年還在當學生學習法律的日子，替他日後的挑戰做好了準備。他挨餓受凍，習慣了最低限度的維生方式。後來他和拳擊手卡特一樣被關進監牢，這時候的他早已經能夠適應監牢的環境。他已經嘗試過失去一切，再也無法被別人剝奪什麼。

所有自我紀律皆從身體做起，但那不會一夕之間神奇成真。蘇格拉底主動尋求挑戰，去培養那樣的技能和鍛鍊出那樣的肌肉，如同佛陀在無數夜晚身穿簡陋的袍子，睡在戶外。**治煉**刀劍也是如此。你要讓刀劍短暫接觸高溫與寒冷的溫度，並用力錘擊鋼鐵，使其堅硬。同樣的，刻意讓身體改變及適應這樣的挑戰，能夠讓我們成就最優秀的自己。

重點在人生在世總有一天會身處艱困的環境。

你要去害怕它？還是做好準備？

我們透過克制自己，來訓練自己，最後達到保護自己的目的。杜波依斯（W. E. B. Du Bois）在寫給女兒的信裡說：「勇敢洗冷水澡，並刻意去做不舒服的事，進而主宰自己的靈魂。」

當一個人能夠主宰自己的靈魂，當你能夠放棄享受，當你不害怕改變，或跳脫舒適圈，或拋棄財富？你很難殺死或打敗這樣的一個人。他們也活得更快樂、更平衡、更精采。

我們必須在豐足的日子，練習節制的生活，因為沒有誰能預測未來，唯一能夠確定的是：「**人無千日好、花無百日紅。**」

管理工作量

格雷格．波波維奇（Gregg Popovich）花了二十五萬美元，但那幫助他拿下兩座例行賽分區冠軍，以及第五座季後賽冠軍。那也同時改變了美國職業籃球聯盟（ＮＢＡ）以及其他體育賽事。

二〇一二年，聖安東尼奧馬刺隊剛結束為期六天的客場比賽。那是他們連續五晚比賽當中的第四場。二十四小時之前，他們才剛贏了奧蘭多魔術隊；七十二小時之前，則是在一千七百英里外的多倫多，在二度延長賽中贏了暴龍隊。在那六十六場緊密的賽程中，連比兩場的賽程比過往還多。不僅如此，前一個球季，波波維奇麾下兩名球星馬紐．吉諾比利（Manu Ginóbili）和東尼．帕克（Tony Parker）打完季後賽就立刻轉戰奧運，各自回國家隊擔任先發球員。史上最優秀的大前鋒提姆．鄧肯（Tim Duncan）在美國職業籃球聯盟打了十六年。他們總共打了三千場職業比賽，總是能夠一路挺進季後賽，並在繁重的賽事中，持續拿出優秀表現，開創馬刺王朝。

波波維奇刻意決定，要讓四名頂尖球員在全國電視轉播的比賽中休息，投下了爭議的震撼彈。球隊希望他們上場，*氣炸的球迷紛紛要求退票，電視播報員和付錢購買轉播權的電視台勃然大怒，其他教練表示不滿，球員也責怪他這樣決定。NBA立刻對馬刺隊祭出高額罰款。

但波波維奇的自律心要他看得長遠——他擬定戰略讓球員休息，這樣球員才有足夠的動力挺進季後賽，這樣才能在職業聯盟打得長久，維持頂尖表現。

簡單來說就是：**工作量管理**。

「我們以前這樣做過，目的是做更聰明的決定，而不是迎合大家的決定。非常合理。」他對記者說明為什麼這樣做，成為日後許多教練效法的對象。

是的，這麼做很合理。讓球員累壞和受傷，比讓球員休息，代價更高。

但那是受歡迎的做法嗎？不是，而且絕對不易實行。

當我們專心投入，當我們動力十足，當我們想要獲勝，自律往往會促使我們早起和完成更多工作。但有時候，休息，反而是更困難的選擇，也是更需要發揮約束能力的活動。這麼做是在管理工作量，不要想都不想，就一股腦兒把工作攬到肩膀上（或

*球隊飛機恰巧出問題，這幾位球員後來是搭乘西南航空的飛機回去。

膝蓋上）。雖然源頭大不相同，但其實想要逃避身體訓練的念頭和想要運動過度的衝動，兩者殊途同歸，你是在用長期後果交換短期成效，如同吃下糖果棒或服用毒品，雖然一時快樂，卻將會使你……連本帶利付出代價。

請想一想，如果連職業生涯相對短暫的運動員都無法承受過度操勞，那我們其他人不是影響更大嗎？我們從事某一行，將苦苦掙扎數十載，一**輩子**投入其中。

你認為，多承擔一點、多努力一點，就能成功。你認為，堅持下去，無視輕微疼痛對你示警，很了不起。不對，你搞錯重點了。史坦貝克稱此為「工作過度導致的無紀律」，以此提醒自己，這麼做「其實毫無實質效益」。

證明在哪裡？太早達到巔峰的隊伍、導致職業中斷的傷勢、明顯匆促寫成的書、壓力下的糟糕決定、可預防卻生病缺席，或累癱不能做事。

或發生更糟糕的情況。

沒有誰比詹姆斯・福萊斯特（James Forrestal）更認真為美國效力了。他在華爾街的職業生涯曾兩度中斷。第一次是第一次世界大戰去開戰鬥機，第二次是一九四〇年上任海軍副部長。這兩次經歷使他紮紮實實損失高達數十萬美元的薪水，但是他仍然堅持去做，並成功革新美國海軍。基本上，可以說帶美國贏得了第二次世界大戰。少了福萊斯特的堅忍不拔，艾森豪和麥克阿瑟無法打勝仗。

第二次世界大戰結束後，他當上美國首任國防部長，扛下整合三軍的任務。工作範圍橫跨廣闊海域，涉及數百萬官兵、平民，必須處理許多自我意識強烈的人，充滿無窮的責任。凡是見到他的人都看得出，這份工作對於他、對於他的婚姻、對於工作之外的一切生活面向造成損失。一名副官發現他再次工作到很晚，問他：「你怎麼不回家？」福萊斯特回答：「回家？回哪個家？」

福萊斯特不但沒收斂，反而繼續不停工作，甚至做到體重大幅減輕、皮膚蠟黃下垂的地步。他顯然心情抑鬱、顯然無法從中獲得滿足、顯然在痛苦中掙扎，但是他仍舊逼迫自己繼續工作。他無法做合宜的決定，他鮮少露出笑容，他覺得沒有收到應得的感謝。所有政治任命終有結束的一天，即使不再擔任這份職務，他也停不下來，仍然繼續付出。

沒多久，他被送進醫院，結局是從走廊窗戶跳出去，了結自己的性命。我們無從得知他的臨終遺言，但我們可以從他在索福克里斯（Sophocles）的書上標注的一頁，知道他臨終前讀到的句子——那也許是遺留給其他工作狂以及所有無法停止**工作**的人們的悲慘警告：

在浪費的時間中耗盡精力
安慰、名聲與希望僅存於
幽暗的墳墓之口……

是的，工作很重要。是的，要趕緊行動。是的，欲望驅使我們成功，對比賽的熱愛帶領我們來到這裡。可是如果沒有控制的能力，將無法持久。我們不只追求此刻的敏捷、強健——也追求長久的敏捷、強健。

我們希望**持續**獲勝，不受控制的做法，無法持久。無法管理自己的人不可能有管理別人的能力——那不只包括督促自己前進，也包括休息、找到平衡、聆聽身體是否在說「我要垮掉了！」

歌德說，凡事來到極限，都會澈底失敗。

連蓋瑞格這麼偉大的球員都懂這個道理。沒錯，他曾經創下在棒球場連續出賽最多場次的紀錄，但是在許多情況下，當他發現比賽表現不如預期，他會主動要求下場，讓代打球員上場。他的教練也明白這一點——他們曾經刻意在某個晴朗的日子，

「以下雨為由」取消馬球球場（Polo Grounds）的比賽，給蓋瑞格一天恢復體力。當然，運動員還有非賽季可以休息，而不是職業運動員的人，也可以學習這個觀念。

沒有人是無敵的。沒有人可以一直勇往直前。

我們都有可能落得福萊斯特的下場。就連鋼鐵都有崩塌壞掉的一天。

你希望幾年過後當人們看著你時，只看到你過去的影子，讓望著你的人感嘆，你**原本大有可為**？

如果你保持健康，如果你留得青山在，如果你沒有浪費那些潛力……

想要長長久久、成就豐功偉業，你就必須懂得休息。除了休息，還要放鬆，還要享樂。（畢竟，如果**永遠**無法放下重擔，那還算是成功嗎？）

失去休息和恢復體力的紀律，將自己逼得太緊、催得太急，訓練過度，追求過量工作的假效益，絕對會令你更加脆弱，致使職業生涯提早結束。

請管理你的工作量。

睡覺是反映品格的行為

一九五六年，弗洛伊德．帕特森（Floyd Patterson）在挑戰阿奇．摩爾（Archie Moore）的冠軍頭銜的前一晚，執行了最重要的訓練項目。

他沒有臨時抱佛腳練體能，也沒有複習應戰策略。

而是去**睡覺**。

不是斷續打盹，是連續睡上十一個半小時，剛剛好趕上早上的賽前秤重。而離開體育館之後，他又小睡了三個小時。接著在更衣室裡小睡片刻，才踏進擂台。最後，在第五回合，將疲憊不堪的衛冕者擊倒。

當你要和有史以來最強的拳擊手對壘，你最好經過充分休息。當你像帕特森那樣接受紮實的訓練，你最好確定身體也有時間恢復。

其他人都很緊張，他們一遍又一遍檢查戰略計畫。

但帕特森在睡覺，不是因為他不在乎那些，他非常在乎。雖然快速入睡和好好休息的能力，聽起來跟遵守紀律八竿子打不著，但兩者其實關係密切。事實上現在軍隊裡頭甚至還有**睡眠紀律**的概念。

你不只必須做到，還必須逼自己做到——你要睡得有品質，還要睡足。當一件事情的成敗極其關鍵、你的做事動力強烈、事情帶給你的壓力極大，你就更是需要有紀律才能好好睡上一覺。

在一九九〇年代的波斯灣，未來的四星海軍上將詹姆斯·史塔伏瑞迪斯（James Stavridis）首次授命成為軍艦指揮官。就在此時，三十八歲的他注意到，天生新陳代謝機制與帶他堅持到底的無窮年輕活力，開始下滑了。雖然你不一定要是地球上最有自我意識的人也能發現，人在疲累時會做出比較糟糕的決定、比較難與他人協調合作，或比較難掌控自我與情緒，不過史塔伏瑞迪斯能夠決定，將睡眠視為與武器系統同等重要、使軍艦正常運作的環節，仍然是一項重大創舉。

他的相關做法包括：開始監測艦上士兵的睡眠週期、適度調整值勤時間、鼓勵士兵盡可能小睡片刻。事後他（針對睡眠）寫道：「關注身體健康是**反映品格的行為**，有助於大幅提升表現。」

當你筋疲力竭、耗盡精力、睡眼惺忪、不得不靠咖啡提神，你很難有什麼樣的巔峰表現。縱使有時候真的能創造巔峰，那些狀況也不會是巔峰表現的**必要條件**。

早起把握天亮之前、吵雜聲出現之前的幾小時很重要。但是如果童妮．摩里森前一天晚上漫無目的地熬夜看電視，她就無法在隔天早起（即使早起意義也不大）。想像一下，要是海明威早上沒有經常宿醉，頭腦會有多清晰。馬可．奧理略內心對於是否繼續留在被窩的掙扎，如果發生在只鑽進被窩幾小時之後，意義就截然不同了。

與此同時，我們回到家裡，在度過漫長的一天之後，實在累壞了。我們煮晚餐、健身運動、把孩子哄上床，處理尚未開啟的電子郵件，累到覺得只能癱在沙發上耍廢……但事實上，我們需要逼出最後一點紀律：振作起來，走進臥室，倒下來睡一覺。

那會替你解決許多問題。你很累，所以不想運動。你很累，所以做事拖拉。你很累，所以**需要**喝咖啡提神，所以需要吞藥丸。你很累，所以做出糟糕決定，大量消耗應該處理重要事務的工作時間。

我們說：「我不適合早起。」但我們幾乎可以肯定，原因出在**晚上**沒有對自己負責或不自律。把握早晨的最佳方式就是把握前一天晚上。任何曾經訓練小嬰兒睡覺的人都曉得「睡得好才睡得著」，而自律也是一樣，**先自律才會繼續自律**。*

早睡，早起。

但丁說，早晨躲在被窩裡，不可能成就名聲……但矛盾之處在於有規律、適度、不拖延地鑽進被窩，卻可以成就名聲。或至少可以說，當你從床上跳起來，出門做事，才有可能揮灑出色表現。

你想要在明天有清晰的思緒嗎？你想要把小事情做好嗎？你想要有趕緊行動的活力嗎？

去睡覺吧。

睡眠關乎健康，而且睡覺是一種反映品格的行為，我們的其他決定和行動也受睡眠影響。

＊「睡眠訓練」被稱為訓練是有意義的，我們不是天生就能好好睡覺。睡覺也要付出努力、練習和用心投入。

你能承受多少？

一九一五年，冬天，歐內斯特．沙克爾頓（Ernest Shackleton）的南極探險隊被困在冰層中。有將近一年的時間，他們四處漂泊。船員無力改變自身的處境。然後，來自冰塊的壓力突然擠裂船身，導致船隻下沉。他們在救生艇上奮力划行了三百五十英里。終於，十八個月以來，首度踏上乾燥的陸地——不宜居住的象島（Elephant Island）。

就連到了這樣的地步，探險隊員們承受的身體折磨，也都毫無結束的跡象。苦難，其實才正要開始。

探險隊員待在這座偏遠的島嶼上，幾乎不太可能被行經船隻發現，而且島上的食物數量很少，隊員在島上待得愈久，士氣就愈是低落。這時候，沙克爾頓提出大膽的計畫——由他和幾名男性，航行超過七百英里，向外界求助。

他和一小隊船員，只帶幾週的補給物資，在二十英尺長的小船上，勇敢地頂著如颶風般的強勁風速，橫渡開放海域。請想像，他的身體必須迎向惡劣的氣候、他要忍受刺骨的飢餓感、他的肌肉多麼痠痛。一九一六年四月，他安全抵達南喬治亞島。

但沙克爾頓知道他的任務只完成了一半。現在，他得召喚出身上的所有力氣和精力，他知道島上的人時間不多，趕緊籌措資金與物資，返回象島，拯救留在島上的人。

他歷時四個月，數度拚命嘗試，終於成功——帶著所有同行者安全返家。

他是怎麼辦到的？他為什麼不僅能夠存活下來，甚至能夠毫髮無傷、勇敢無畏地挺過來？他的家族格言是「Fortitudine vincimus」。這句話告訴我們，要以堅忍不拔的精神，去克服一切。他的船隻「堅忍號」（the Endurance）正是以此為名。

但請想一想漫長的冬季月份，請想一想海上的日子。他克服了重重困境，從未放棄。他不讓身體舉白旗，在挺過漫長的日子之後，又繼續挺過更加漫長的日子。關鍵在於他深知身為船長的責任，而且他身體強健、心性堅定，足以對抗任何可能的阻礙，履行自己的責任。

與此同時，我們卻因為必須留在公司加班，而覺得很累；在埋怨教練要求多做一輪訓練。你其實應該預期事情不好做，而不該冀求事情簡單。

因為你總會遇到困難！

德文中有個比較舊的字叫做「sitzfleisch」（耐性），基本上是指，把屁股坐在椅子上，任務完成，才站起來。就算屁股麻掉、就算身邊的人一個個結束工作，依然繼續坐著。日復一日，坐到位子上，直到腰瘆背痛、眼睛流淚、四肢發軟無力。

有許多騎馬時代的偉大征服者，因為能夠長久騎在馬背上，而得到「老鐵屁股」（Old Iron Ass）的稱號。

這是有好多人都缺乏的人格特質。我們覺得自己可以用聰明才智或創意去彌補，但我們需要的其實只是投入其中。我們需要的是願意投身於問題所在、完全投入解決問題，展現不改變主意、不屈不撓的態度。

偉大的領袖、傑出的運動員、一流的哲學家當中，幾乎沒有誰是不堅強的人。他們堅忍不拔，而要做到這點必須「有所犧牲」。你要挺得過挫折、批評、孤獨，挺得過痛苦。

愛迪生在實驗室逐一測試六千條燈絲，才找到可以帶給我們光明的燈絲。摩里森每天早起，不辭辛勞地坐在椅子上，看著太陽升起。知名南極探險家沙克爾頓拒絕拋下責任、拒絕停下，堅持到底，直到將同行者安全地帶回他們的家。

小羅斯福花了七年，忍受疼痛接受物理治療並且運動，小兒麻痺才逐漸康復……在那之後的每一天，甚至是穿越走廊或走上講台，於他而言，都是力量的展現。試想，小羅斯福在盛年時期遭病毒襲擊，致使腰部以下永遠癱瘓。邱吉爾曾在世界大戰爆發之前，詳細描述小羅斯福是如何以驚人的耐力，挺過七年的療養期：「他下肢無法活動。連移動位置這樣的小動作，都需要倚靠拐杖或支架。九成九的人在這種病痛的折磨下，不會再做除了貢獻腦力之外的公共服務，而他拒絕接受這樣的判決。」

小羅斯福拒絕接受命運的判決——他不讓身體決定誰才是主人。

因此，邱吉爾並不驚訝於，看見羅斯福以堅忍不拔的毅力，去處理經濟大蕭條，以及「美國政治圈在禁酒令之後十年，因為種種聳人聽聞的黑幫犯罪與貪腐，而嚴重加劇的騷亂情況」。之後，羅斯福也以相同的精力與熱中度，應對第二次世界大戰。

而我們只是第一次提案被拒絕，就馬上準備放棄了。我們認為，要求每週工作超過四十小時是缺乏人性的。我們只要一陣子營業額數字不佳，就關店收攤。我們說，受傷之後不可能復原。我們相信，別人說我們不夠強大、不夠漂亮、不夠有才華。我們看著記分板，相信沒有獲勝的希望。

耐力一定能克服困難嗎？

當然不一定。但認輸不可能贏得勝利，懦弱也不可能獲勝。

無可否認，過程當中一定會有痛苦。我們將有一百萬個停下腳步的機會，以及一百萬個可以停下腳步的理由。

可是我們不能放棄，不行放棄。

我們要繼續往前。

我們要堅持不懈。

我們不屈不撓。

超越身體……

「那些身體閒散安逸、享受奢侈，還認為自己能過高尚精神生活的人，錯了。」

——托爾斯泰

我們的生命是有限的。這件事情的意義不只在於，每個人都有死亡的一天，它也代表了我們必須吃東西、睡覺、活動，做某些事情來讓自己活下去。是的，這些事情做得愈好，代表你把身體照顧得愈好，身體狀態愈好。

我們必須了解，節制並不表示，不能享受生活樂趣。事實上，我們要活得自律的一個重要原因在於——這麼做或許能活得更久，或如蓋瑞格那令人遺憾的例子所顯示，就算不能控制生命長度，至少能活得精采。

詹姆斯．鮑德溫（James Baldwin）寫道：「人要為自己的行為付代價，更不用說，要為允許自己成為什麼樣子付代價。代價很簡單，就是他們的人生。」

其實，**身體會記下一切**。

我們今日和將來所做的決定，每一天都會悄悄地被記錄下來，但也並非完全看不見，因為那些決定就記錄在——我們是什麼樣的人、外在表現，以及我們的感受。

你做的是正確的決定嗎？掌控一切的是你……還是身體？

這個問題影響的不只是身體，它也影響心理與精神。身體方面的節制，會影響心智，同樣的，身體方面的不節制與放縱，也會妨礙到心智的正常運作。神經科學家麗莎・費德曼・巴瑞特（Lisa Feldman Barrett）曾經用「身體預算」（body budget）來說明：大腦管理身體，但假如身體開銷過大破產，大腦會無法正常運作。

為什麼有人會做糟糕的決定、為什麼缺乏韌性、為什麼分心、為什麼害怕、為什麼深陷極端情緒無法自拔——如果你覺得奇怪，為什麼**你**也會這樣——這個嘛，問題的源頭在身體。

戒癮團體用「飢餓、憤怒、孤獨、疲憊」（Hungry, Angry, Lonely, Tired）的英文首字母，組合出警示標語「HALT」（暫停），成功提醒許多人，那是癮頭復發的徵兆與觸發條件。我們得小心，我們必須控制好，否則可能失去一切。

當我們在談節制與自律，指的是一個人能控制自己。身體是控制自己的第一步。

我們嚴格管理身體、約束身體、主宰身體。我們把身體當成聖殿。

為什麼要這麼做？

這樣一來，身體才不會壓制、橫行於心智之上；這樣一來，身體才不會奪走理智的心。

也就是說，我們藉由約束自己的身體……去釋放我們的心與靈魂。

被衝動和怠惰奴役的人、缺乏力量和行程安排差勁的人，不可能創造美好的人生。他們想必會將過多的重心放在自己身上，而無法**造福**他人。那些主張有自由做任何事情的人，必定會被某樣事物拴住。

自律是我們通往自由的途徑。它是替我們解開鎖鏈的鑰匙，幫助我們拯救自己。

我們選擇走艱難的路……因為放長遠來看，那其實是唯一的路。

第二部／內在領域（心性）

「什麼樣的人是快樂的人？他要有健康的身體、足智多謀的頭腦，以及馴良的性情。」

——泰利斯（Thales）

身體只是自律的一個環節。運動員、創意家、高階主管，歷史上有許多才華洋溢的人，雖然完全主宰了自己的身體，在其他方面卻是一團混亂。當我們做事分心，任由偏見或壞心情擺佈，或是聽命於誘惑、衝動、直覺念頭，那麼無論我們遵守多麼嚴格的飲食紀律或嚴格要求自己早起都不重要。這種生活方式並不可取——事實上，當一個人像這樣不加節制，永遠也無法完全發揮自身擁有的潛力，而且永恆的痛苦可能會隨之而來。真正的自我控制不只是控制**行為**，還要控制念頭、感受，懂得如何在雜亂渾沌的世界自處。真要說，這些特質更是重要。有一位觀察家曾經打趣地說小羅斯福擁有「二流的智力與一流的心性」。疾病讓羅斯福無法隨心所欲運用身體，從這個角度出發思考，這位觀察家的話所闡述的真理更是深具意義——**心性即一切**。頭腦和心靈構成了某種控制人生的指揮系統。數百萬年的演化經驗給了我們這些天賦。我們會把它們當工具來使用嗎？還是荒廢不用，讓自己像木偶一樣被外力操縱？一切由你決定。

做自己的主人

這可以說是與生俱來的特質。

邱吉爾一定是在她身上看見了這項特質。

偉大的伊莉莎白女王二世當時還是小嬰兒。邱吉爾在他初次見到這位英國史上統治最久的君主時，表示：「她有幼兒罕見的威儀與自省氣質。」

當然，還要再過大約二十五年，發生世界大戰與英王退位危機之後，伊莉莎白二世才會登上王位。邱吉爾那天觀察到的只是開始，其後，這股心性造就伊莉莎白二世自我控制、奉獻服務、堅忍不拔的不凡人生。她在宏偉的宮殿大廳上展現出來的心智與情緒紀律，古往今來，無人能出其右，更難能可貴的是，她是在二十五歲的年紀，突然間登上王位。

我們想像，領袖人物應該要大膽傲慢、魅力無窮和能夠鼓舞人心。我們期待領袖人物懷抱野心，甚至只要他們能夠贏得勝利，或讓人覺得有趣，我們可以找理由，忽視他們身上的悲劇性缺陷，或令人不安的惡行。這樣的領袖人物無疑能夠吸引眾人的目光，但是他們真的能夠長久穩定地做好管理工作嗎？他們能夠管好國家、企業、體育隊伍嗎？更重要的一點在於，只有那樣一條路嗎？

柏拉圖有個不一樣的理想。他說：「君主必須年輕而且天生記性好、頭腦敏捷、有勇氣、舉止高貴；而且，那項特質……眾多美德之中不可或缺的——節制，現在也必須出現在我們君主的靈魂中，其他特質才具有價值。」

一九二六年出生的伊莉莎白雖然擁有皇室血統，但她的繼承順位沒有排在很前面，所以她甚至不是眾人料想的王位接班人。當然，幾乎沒有人認為，她能達到這位古代哲學家提及的理想境界。她是英王喬治五世的第二個兒子所生的女兒。一直到她的叔叔愛德華八世輕率決定，要迎娶離婚兩次且贊同納粹主義的女子，而放棄王位，接著她的爸爸又英年早逝，伊莉莎白才踏上命運的道路。

此時的她，必須培養出邱吉爾在她小時候看見的特質，以及柏拉圖期望君主具備的特質；她得努力使自己成功當上「伊莉莎白女王」——一位地球上最受人景仰、歷久不衰的偉大人物。

從加冕典禮那天起，伊莉莎白就肩負一份獨一無二、卻也可怕的工作——她必須以無懈可擊的優雅，如同大家所說的「象徵性地統治」國家。現代英國君主要做哪一些工作？這很難說得一清二楚。列出他們**不能做**的事情，反而比較容易。他們不能通過法律、不能選擇政府領導者、不能發動戰爭，甚至不該談論政策議題。諷刺的是，這種無權的狀態，必須大權在握才有可能實現——七十年來，女王從每日匯報和每週與首相開會，以適當方式，得知英國境內各種活動與問題。但是，與此同時，她不能夠對這些資訊有任何明顯的表示，**無論如何**不能涉入國政……但所有國家事務都以她的名諱來運作！

伊莉莎白以近乎超凡的莊重，將這份工作做好。她先後經歷十五任首相、十四任美國總統，以及七任教皇。一九四七年，還沒當上女王之前，二十一歲生日這一天，她在一場知名的廣播演講中，詳細闡述了這樣的決心。她告訴當時的大英帝國人民：「我要告訴大家，無論生命長短，我都會將一生奉獻給大家，以及奉獻給我們每一個人所屬的大英帝國。」

幾年之後，她將自己承擔的責任與地位闡述得更清楚：「我不能決定參戰，我不能制訂法律或執行正義，但我可以做別的事，我可以把我的心交給你們，將自己奉獻給這座古老的島嶼，以及所有兄弟國的人民。」

她知道自己將服務國家多久嗎？她知道自己將會因此失去什麼嗎？她知道自己會

被要求做到哪些事嗎？她知道那要多少勇氣與智慧嗎？

蓋瑞格在洋基隊效力的那段期間，因為連續出賽兩千一百三十場，而成為一位英雄。伊莉莎白女王幾乎每天工作了將近七十年！對她來說，每一天都是她要上場比賽的日子，等於大約連續出賽兩萬五千場。她訪問了超過一百二十六個國家。她在一九五三年一趟皇室出訪行程橫越了總共四萬英里（有一大部分是乘船旅行）。此趟行程她握了一萬三千隻手，有數以萬計的人對她鞠躬和行屈膝禮，發表及聆聽超過四百場演講。而這還只是她在位期間上百趟皇家出訪行程的其中一趟。她的海上行程距離累計超過一百萬海里（搭乘飛機出訪的里程數是百萬海里的好幾倍）。她總共會見超過四百萬人（曾親自邀請超過兩百萬人參加茶會）並頒發了超過十萬座獎項。最厲害的莫過於，出席成千上萬場的工作安排、活動、露面和餐會往往需要長途跋涉和橫跨不同時區，女王竟然只有一次在大家面前打起瞌睡來……那是二〇〇四年一場解釋生物學與醫學領域磁鐵應用的演講。*

伊莉莎白女王的日常職務有多麼仰賴身體紀律自然不在話下。她曾經對一名陪同

*她滿七十八歲的那一年。

出席官方訪問行程時，明顯無精打采的軍官說：「將軍，你很累嗎？」對方回答：「報告女王陛下，沒有。」身高一百六十三公分的女王對他說：「那就把你的手從口袋拿出來，挺直身體。」隨從總愛說女王的身體強健有如犛牛，耐得住長時間站立，連年歲已高也不影響。女王的第三任首相哈洛德·麥克米倫（Harold Macmillan）曾經激賞地說，女王擁有超乎常理的「男子氣概與堅強意志」，因為就連盧·蓋瑞格都消受不了女王的出訪行程。

但是，這句讚嘆掩蓋了體能成就的背後事物——她默默發揮的心理與情緒紀律。舉個例子，據說從來沒人見過女王焦躁不安。這點使女王的馬拉松式露面行程更加了不起。她的從容鎮定，讓我們看不出她多麼努力。

她是如何辦到的？有一次女王在老布希執政時期出訪美國，一位美國官員意外看見，女王正靜靜地為那漫長的一天做好準備。他注意到：「她紋風不動地站著，彷彿正在向內省思，做好準備……她用這個方式為自己充電。她沒有與人閒聊，只是一動也不動，站著等待，感受內在的平靜。」

經過這些年，她也想出一些方法，讓長期肩負的責任更能勝任愉快——既然不需要，為何讓自己不好過？她平均四秒鐘面見一個人，將不需要的晚餐菜式取消，並且要求把演講安排在**用餐後**，這樣她才能夠在演講結束後，低調離開。負責皇室媒體事務的官員喜歡稱呼女王為「一次到位的溫莎」（One-Take Windsor）——她總是不疾不徐，但會全盤思考如何行動，一次將事情做好。

大家說，要聰明工作，不是辛苦工作。

自律不只展現在耐力和堅強上，你還要懂得找出最合適、最省力的做事方法。要不斷堅持精益求精，這樣一來，事情會愈做愈有效率。真正的大師不只能在專業領域表現出色，還能在其他人做得氣喘吁吁時……從容不迫。有一次伊莉莎白女王成功化解一場不好應對的社交場合，大家稱讚她「非常專業」。她並沒有把稱讚真的放在心上，僅僅表示：「應該的，畢竟我做這份工作已久。」女王的隨從曾經向一位外交官保證，要對方不必擔心女王出席活動太久，說：「她受過出席八小時活動的鍛鍊。」事實上，她是強悍得能夠堅持**八十年**的專家。

英國人不動聲色，以超乎尋常的態度「保持冷靜、繼續前進」——這樣的形容，已隨時間流逝，成為一句陳腔濫調。我們也很難把同一套刻板印象，套用到各式各樣的人身上。不過，伊莉莎白女王確實親身演示了這股精神——不論何種情況，她都沉穩以對。一九六四年，她以沉著冷靜的態度，度過了魁北克的反英國皇室暴動；一九八一年，她正在騎馬，有個人持槍朝她衝過去開了六槍——當下女王一絲畏懼都沒有表露；一九六六年，皇室轎車的車頂被人投擲一塊厚重水泥，她輕描淡寫說：「這輛車很堅固。」一九八二年，有個精神錯亂的人，闖進女王的臥室後，因為打破窗戶而受傷流血。熟睡中被吵醒的女王，沒有尖叫逃跑，反而有禮貌地招待那個人，等待機會呼叫安全人員。

不過女王的偉大之處不只在斯多葛式的堅忍精神。她也是一位活潑有見地的女性，將容易引出惡劣人性的職位，應付得很出色。雖然很少有人用聰明機智去形容她（反倒有許多人嘲笑她是「不太聰明的鄉下女人」），但是其實她身上安靜沉著的才智，無疑說明了她的自律精神。

從很小的時候開始，父親就開始帶她參與國家事務，以平起平坐的態度對待她。從十幾歲開始，邱吉爾便開始為她提供建議，接下來六年，每週兩次，由一位英國憲法權威，為她教授法律知識。我們可以肯定，伊莉莎白女王的知識範圍，必定超過她說出口的話語。英國首相每週謁見女王，女王通常對首相所要呈報的事務，經驗更加豐富，也更了解相關歷史，但謁見時多半是首相講、女王聽。她並不介意被人低估。她擁有足夠的耐心，知道自己終將獲得平反。

聰明？自律心比聰明才智更稀罕。

高尚心性不見得能吸引關注，但它會長久延續，它具有**穩定事物**的力量。

大家都知道，儘管如此，女王總是逐一閱讀「紅箱子」（Red Box）裡的每一封文件。這個箱子裝著內閣大臣呈給女王最重要的文件。那些文件有很多都很無趣，寫著令人傷透腦筋的內容。雖然沒有人逼女王這麼做，沒有人會考她報紙的內容，但是她仍然每天早上閱讀六份報紙。她其實可以要求別人摘述報紙內容，她也可以快速瀏覽大意就好，但是她沒有。即使依照憲法規定，她所能夠用到報紙內容的場合有限，她依然每天讀報。為什麼？因為這是履行女王職務最確實的做法。

女王想要促成改變只有一種途徑，而她審慎明智地運用這個有限的辦法，也就是——提問。如果她擔心或反對一件事，她會要求收到紅箱子或媒體報導之外的資訊。有時候她會一再要求，直到最後制訂相關政策的人士，都透澈了解潛在的問題。她不會輕易透露她認為該怎麼做，而是藉由這個過程，讓大家理解她的想法。

一名皇室媒體事務官員指出：「她的優秀展現在她的沉靜。在這個人們總是想發表意見和過度反應的吵鬧世界中，女王選擇了相反的做法。」她沒有發表政治意見的權力，但堅強如她，選擇做多數世界領袖與一般人辦不到的事——不對掌控之外的事務，表示意見。

伊莉莎白可以說一輩子都在研究人類行為。她沒有因為身分的限制和責任而受挫沮喪。相反的，女王從中尋找自由，並將那股力量引導到有生產力的地方。連隨從都覺得有一些活動無聊至極，女王卻總能找出行程當中有趣的地方。據說，她曾經在一頓漫長的晚餐後，語帶熱情地說：「你有沒有發現，那個小伙子的父親是我父親的貼身男僕的兒子？」她會在出席公共活動之後問：「你看見那個男人穿的紅襪子嗎？」她會在聽完演奏會之後說：「為什麼藝廊裡頭有兩位音樂指揮？」連維安團隊忽略的事，她都注意到了。她會關心被刺刀刺傷手部的年輕人，問：「那名士兵怎麼了？」該名士兵的指揮官，卻因為自視甚高，不想關心這樣的小事，答不出來。

脆弱的心靈必須不斷接受娛樂與刺激。強大的心靈可以自己充實，而且更重要的是，它能在必要時沉靜下來、機警應對。

女王要忍耐這麼多事，你或許以為，當女王是傳統中的傳統職業，身為這一行裡的傳統主義者，女王至少無論如何不必做任何改變，但其實改變是她這一生不斷遭遇的重大挑戰。首先，現今地球上**大部分**國家在她出生的時候都**不存在**。世界在她在位期間可說是完全轉變成為另一種形態。她必須同時維護她所代表的制度，並帶領這個制度適應快速變遷的未來。她是維繫標準的最後一座堡壘，但是世界這幾年來重新評估、調整以及重新思考過這些標準——有一些標準，甚至經歷了好幾次。

她說：「改變成為一種常態，管理變革成為一門不斷擴展的學問。」或許這說明了，為什麼皇室會為了管理變革，將作家朱塞佩．托馬西．迪．蘭佩杜薩（Giuseppe Tomasi di Lampedusa）的話當作座右銘。蘭佩杜薩說：「如果事物要保持不變，它就必須改變。」

我們必須明白——自律不是用鐵腕讓事情維持原樣。它不是去抵抗任何或一切事物。始終不變的世界也不需要太多紀律。節制也是一種調適的能力，要能善用各種狀況，在每種情況都能找到成長與進步的機會。除此之外，你要能夠沉著鎮定，甚至積極快樂地做到，因為我們難道還有其他的選擇嗎？

伊莉莎白女王在位時做出最有意思、最具象徵意義的一項改變，或許是她在一九九三年決定……對自己課稅！*若說自律就是要求自己負責，那麼在連首相也都反對的

*這樣說吧，考量到英國皇室的巨額財富源自各個殖民地，徵收這筆稅款，加上皇室捐贈的大量慈善捐款，其實是皇室最起碼能夠做到的事。

情況下，身為一國之君的她，仍然決定提議讓政府對她的財產和收入課稅，絕對是最佳範例。

但那並不代表，**每件事情**都有討論空間。

「最好不要」是白金漢宮裡頭常說的一句話。意思是，**不過頭、不躁進、別沒事找事做，事情要慢慢來才好，包括改變**。

也包括了女王可觀的財富與名望。伊莉莎白不是禁慾主義者。她畢竟是住在城堡裡頭。那是她出生就擁有的城堡，何不開心享受？對遵循紀律的人來說，合情合理。

雖然過富足的生活比赤貧容易，但是富足生活本身也帶來挑戰。為了駕馭這樣的生活，女王必須事事符合規矩，在日常生活中落實責任。她說：「我就像維多利亞女王，始終相信那句古老的諺語——**凡事要適度**。」而她家族裡的年輕成員，缺乏和反抗這樣的自我控制力，有些人甚至放棄人的基本責任。不是每個人都能理解——不是想做什麼就能做、有些事沒得商量、特權的反面是責任、權力必須受到約束。他們的可恥行為告訴我們恣意妄為的後果。

興奮激動很容易，表達偏好很容易，活得一團亂也很容易，屈服於一時興起的念頭、情緒甚至野心都很容易。但是自我克制呢？要求自己達到標準呢？特別是，不必付出多少代價就能「免責」的情況，如何呢？在古羅馬時代，魯弗斯曾說：「在每一個行為當中做到自我控制與節制，不是比嘴上說應該怎麼做來得更好嗎？」為國王和上流階層提供建言的魯弗斯深知——許多人在自己的領域內都是「表現優秀的人」，但他們缺乏最重要的力量……亦即掌控自己的心智、行為與選擇的力量。

伊莉莎白女王過的仍然是辛苦的人生。試想，伊莉莎白女王必須過多麼嚴格的生活。當撰稿人員交給你的演講稿起頭寫「我非常高興回到伯明罕」，你得花時間把「非常」兩個字劃掉。原因在那並非完全屬實，也不真誠，而且那樣說，對女王出訪（或永遠不會出訪）的其他地方，並不公平。

一般人講話稍微誇大一點沒有關係……但身為女王就不是一般人。

要維持那樣的平衡多麼困難！你跟其他人不一樣，但你必須能夠讓每一個人產生共鳴！你必須讓旁人無可指責，同時做到和藹可親。你是一國之君，你是教會領袖，你要現代，又要雋永……每一雙眼睛都在盯著看，等你犯下最微小的錯誤！

那是否代表她不允許自己有情緒？那樣的自律代表要像機器人一樣壓抑感情嗎？絕對不是。雖然女王用高標準要求自己，她對別人違背原則，對伸手抓她的粉絲、忘記鞠躬的外交官非常寬容，她都不介意。據說她竟然非常容易攀談，很快就能讓人放鬆下來。因為這也是她的工作之一。當女王很難，但她不會因此為難別人。

她也跟所有公眾人物一樣必須承受別人的批評。她有因此逃避嗎？或因此有所怨言？恰恰相反。一九九二年，那令人痛苦又難熬，所謂「多災多難的一年」（annus horribilis），女王有三個孩子婚姻破裂、其中一位離異的前配偶出版爆料傳記、再來溫莎城堡失火，連火災引起的煙味都還未消散，她就得花時間特別指出，接受媒體問責是她的工作。她說：「批評對公眾人物或公共機構而言無疑都是好事。城市、君主等任何制度或機構都必須被對其忠誠和給予支持的人所監督，更不用說未對其表示忠誠和支持的人。」

但她也提醒英國媒體究責不等於殘酷。她說：「帶有一絲溫柔、幽默感和理解的心，這樣的監督同樣有效。」

即使對方未以禮相待，她仍報以相同禮數。一九五七年，有一篇具有爭議性的社論指責女王沒有與時俱進，說她的說話方式矯揉造作，說她仰仗他人給予建議，女王卻未因此生氣。事實上，她來沒有公開回應過這些批評——就連這起爭議事件愈演愈烈，導致文章作者奧特林厄姆勛爵（Lord Altrincham）在倫敦大街上遭人攻擊，她也沒有回應——不過她確實因為這個合理的意見，私下做出細微的調整。有些人注意到，連她的說話腔調都慢慢改變了。她講話的時候發音不再那麼清楚，貴族氣息減弱了一點——即使沒有人公開稱讚過，也相當了不起。

害怕改變的人堅持不了太久，而害怕聽見他人意見，或害怕出錯的人，難以改變。女王直到九十六歲仍堅持履行大量職責。她不屈不撓展現成效，擔任地球上大約六分之一土地的國家元首。她沒有發生過個人的貪汙醜聞、沒有外遇事件，也沒有犯過重大錯誤。

要說誰最有資格退休，非她莫屬。但她繼續前進，每一年在這個世界最難勝任的職位上不斷進步。二〇一三年，荷蘭、比利時、卡達的國王紛紛正式宣布退位，之後教宗也退位了。對伊莉莎白女王來說，退位難以想像。她說：「喔，我無法如此，我會堅持到最後。」於是她做到了。

你呢？你的自律心在哪裡？面對壓力，你的從容和優雅在哪裡？**你**很累？**你**身處難以跳脫的困境？少來了。

世界上有許多比伊莉莎白女王權力更大的領袖。

但很少有人比她更懂得約束自己。貪心鬼很多，卻沒幾個人能像她散發內斂的光芒。自我控制與無我，使她成為人民引以為傲的統治者。是的，這拯救了她自己，使她免於權力的誘惑，除此之外也幫助她，比許多暴君存在得更長久，甚至比整個專制體系延續得更久。

我們必須了解——偉大不只展現在你做了什麼，也展現在你不做什麼。重點是你在你的世界或職位上，如何應對相關限制，以及如何以創意、自覺和冷靜，在有限的範圍內行動。

女王曾經反思：「大部分的人工作結束會回家，但在這個身分上，工作和生活是結合在一起的，因為你無法將兩者真的劃分開來。」

這段話替「節制之道」下了最佳定義。這是必須投入所有心力、所有時間的事。

這是一輩子的旅程，堅持得愈久，愈令人欽佩（也愈有價值）。

如此看待世間萬物

喬治．華盛頓見過許多大風浪。

他十一歲時，失去了父親。在他未滿二十二歲時，俄亥俄河沿岸的一座法國堡壘遭到突襲，導致法印戰爭開打，華盛頓生平第一次遭遇戰火。儘管美國在獨立戰爭中獲勝了，但事實上，美國在這場戰爭中，挫敗幾乎沒有少過，包括了長島與基普灣、白原市與華盛頓堡的失敗。獨立戰爭那九年，華盛頓經歷難熬的財務困境，而且心愛的維農山莊始終籠罩在祝融危機之中。在那之後，美國政府陷入困境，他被捲入政治角力，最後當上總統，至此依然面臨媒體的批評、難以管束的下屬，以及選民的要求。

華盛頓二十六歲時，曾經看過一齣探討斯多葛哲學的戲劇，並將劇中一句話視為一生奉行的座右銘，在每次遭遇壓力和挑戰時（包括戰場挫敗與內閣官員的明爭暗鬥）對自己複誦這句話：

「在平靜溫和的光之中……」

當華盛頓得知有將軍在背後詆毀他，他平心靜氣應對此事；當華盛頓得知他和太太無法生育，他平心靜氣面對悲傷；當華盛頓的官員像暴民一樣，在會議上，威脅叛變新成立的美國政府，他平心靜氣，語氣和緩、幹練地說服官員不要叛國。

光是一七九七年六月，華盛頓就發現自己寫了三封這樣的信，提醒自己不要急於下決定或情緒失控，要以配得上「美國國父」的心性審視情況。

因為他跟我們一樣並非天生就有這樣的性情。

華盛頓的朋友形容，他一樣有「偉大人物那種經常會遮蓋偉大光輝的激烈熱情」。事實上，對抗那樣的激情是華盛頓長久以來的首要之務。朋友也在悼念華盛頓的哀悼詞中說這是華盛頓最了不起的勝利，表示：「他建立了那樣偉大的王朝，仍能做到冷靜自持，這樣的態度與作為，更使他這一生與眾不同。」

一七九〇年代，畫家吉伯特．史都華（Gilbert Stuart）花許多時間與華盛頓相處，要替這位將軍畫肖像。他發現華盛頓其實是個剛強、果斷、個性強烈的人。史都華在深入認識華盛頓的過程感受到他的強烈熱情，但對華盛頓以「判斷力和強大自制力」控制熱情深感驚訝。所以幾乎沒有人見過華盛頓發脾氣。華盛頓不是天生的斯多葛主義者，這是他**刻意培養的性格**。他不是永遠把自己控制得好好的，而是在每一天、每一分鐘、每個場合，盡最大努力，再一次重新控制住自己。

你以為華盛頓沒有遭遇過挫折或遇到承受不住的狀況嗎？當然有。想一想他必須處理的那些狀況吧！

但經常與華盛頓公開爭論的傑弗遜總統表示，「除非充分衡量每個情況與面向」，否則華盛頓不會有所行動。他有我們都會有的第一反應，但他會試著評估各種情況，尋找更適合的解釋與理解方式。

我們知道，所有刺激與回應、每個資訊與決定，之間都有轉圜餘地。那樣的空間稍縱即逝，但絕對足夠我們體現人生哲學。你會運用這個空間嗎？你會用它去思考、審視、等待更多資訊嗎？還是會屈服於第一印象、有害的直覺或既有模式？

暫停一下非常重要。

停一停，不要……

……驟下結論。

……過早判斷。

……妄做最壞打算。

……急著替小孩解決問題（或急著要孩子重新入睡）。

……硬把問題套進某個框架裡。

……急著歸咎責任。

……覺得受辱而馬上生氣。

……馬上害怕逃避。

前面討論過，自我有高低層次之分。這與我們的兩種心智運作模式相符，心理學家稱為**快思**和**慢想**。快思通常出現在低層次的自我，直覺念頭是低層次的自我（例如，老羅斯福因為可能的政治後果，猶豫是否邀請布克·華盛頓（Booker T. Washington）參訪白宮；慢想是高層次的自我，慢想是理性、充滿哲思、遵循原則的自我，認真思考事情、認真思考你想成為什麼樣的人（例如，老羅斯福深思熟慮後明白，不能任由那樣的猶豫主宰自己）。

我們停下來，冷靜思考，將事情攤開審視，問：「真的是這樣嗎？真的有那麼讓人不高興嗎？真的像我一開始所想的那麼可怕或討厭嗎？」

別讓恐懼、焦慮或偏見替你決定。別讓你的脾氣替你決定。讓你的高尚心性接手。或者，讓你**努力培養**的心性發揮作用（你知道在那種情況需要發揮高尚心性）。

領袖們不能衝動下決策，必須做更理性、更符合自持精神的領導決定。領袖人物並非不會受誘惑，或不會有**衝動念頭**，而是擁有足夠的自律心，**不隨誘惑或衝動起**

舞。除非那些想法通過考驗，被放在光線底下，攤開來仔細審視。

不論是社群媒體上的一篇貼文、工作上代價高昂的錯誤、他人想矇騙我們相信的明顯謊言、不順從的員工、困難的障礙、不經意的疏忽行為、錯綜複雜的問題，統統都要用深思熟慮的眼光加以衡量。

人生會給你許多挑戰，一如人生將挑戰丟給華盛頓、維克多・法蘭可（Viktor Frankl）、羅斯福，以及世上的每一位父母親和每一個人。

問題在於——你如何看待這些挑戰？當你必須審視人生的挑戰，審視問題所用的光是否由你掌控？

因為這些問題的答案決定了你能成就什麼……以及更重要的一點……你將成為什麼樣的人。

專注在重要的事情上

布克・華盛頓是個忙碌的人。他要經營一手創辦的塔斯基吉學院（Tuskegee Institute），要四處奔走對人群演講和與贊助人見面，要遊說立法人員、講課、主持募款活動，與此同時還出版了五本書。

他是怎麼完成這許多事情的？

除了展現耐力、趕緊行動、拿出活力，還有別的。

你必須要有說那個可怕的「不」字的紀律。

他說：「打算毫無理由消耗別人的時間的人實在太多了。」

有些人覺得他很冷漠，有些人覺得他很自私，在他背後說閒話。

他忙得沒空注意。他知道，人生最重要的事情，就是專注在**重要的**事情上。尤其，當你的重要任務是促進整個族群的發展。

可是對我們來說，重要的事情又是什麼？這才是**最重要**的問題。

如果不知道這個答案，你要如何知道哪些事情該答應、哪些事情該拒絕？你要如何知道該投入哪些活動？要為什麼樣的事情早起？要做哪些練習？要忍受什麼？沒有辦法。你只是遇到什麼就做什麼。你容易被途中所有閃閃發光、吸引人的事物給影響，被每一句「我可能有個機會提供給你」、「只要花你一分鐘」、「先謝謝你了」、「我知道你很忙，但是……」所影響。

作家米歇爾・德・蒙田（Michel de Montaigne）提醒自己：「沒有妥善安排人生往既定方向前進的人，不可能適當規劃自己的行動。」斯多葛哲學家說，如果你不知道航行的方向，任何風向都對你不利。

意思是，首先要有退一步思考的紀律：「我在做什麼？我的優先要務是什麼？我對工作、家庭、世界，最重要的貢獻是什麼？」再來要有「忽略其他一切」的紀律。

因為布克・華盛頓懷抱強烈的目標——即教育那個時代的黑人男性與女性——所以他清楚知道一定要拒絕掉會消耗時間的其他事物。若非如此，他會和許多人一樣遭到吞噬，而他的時間和力量會在每一次的要求和分心中，被分散掉。

有一次史坦貝克陷入漫漫難熬的小說撰寫過程，他寫道：「真想知道，其他人在做耗時卻有價值的工作的同時，如何讓其他事務順利運作，例如，維持社交關係、經濟財務等。」**他們是怎麼辦到的？**

他們做不到！

無法拒絕多餘的人事物，當你缺少這項紀律，工作或私事都不可能專心做好。面試邀請、活躍於社群媒體、迷人的晚餐派對、來一趟異國之旅、有利可圖的副業、令人興奮的新趨勢……沒有人說這些不好玩，或沒有潛在好處，只不過也有機會成本要償付。每個人的資源和精力都是有限的，那些都是要投注資源和精力的事。

不論哪個領域，幾乎每一個的成功祕訣都是——**專心地大量投入時間，不受其他事物干擾**。但是有多少人真的這樣安排每一天或一輩子？而他們還竟然不解，自己為何疲憊不堪、缺乏生產力、被壓垮、老是進度落後。

你無法逃避這一條邏輯——**你每答應一件事，就是拒絕一件其他事**。沒有人可以分身有術，沒有人可以同時專注在兩件事情上。不過這條現實的鐵律也有幫助，因為每個「不」，都等於一個「好」，對**真正重要**的事情說「好」。斷然拒絕掉一個機會，是在培植另一個好機會。

這不僅僅是事業成功的關鍵，更是快樂生活的關鍵。對你說「只要花你幾分鐘」的人，他們不只是在打劫你（儘管他們也承認「向你求教」其實影響了你的口袋），他們也是在打劫你的家庭、打劫你的服務對象、打劫你的未來。當你在做不重要的小事，或一次投注太多心力，那也是相同的狀況。其差別只在，小偷是**你自己**。

沒有人要你來出席這場電話會議，沒有人逼你參加這一場活動，或去領那個獎項，沒有哪一條法律規定每一封電子郵件、每一通電話都要回覆，或每一則新聞都要發表意見。

科技界有個說法叫「功能蔓延」（feature creep）。意思是，創辦人或計畫主持人無法遵守保護核心概念的紀律，允許產品塞入過多功能。當你想要討好每一個人，最後誰也無法討好。當你什麼都想做，絕對什麼都辦不好。

無法拒絕別人占用我們的時間、想要迎合每一個人，這種性格上的弱點，說到底或許就是想利用那個藉口吧——答應了**別人**要我們做的事，等到全面盤點的時候，就不必為沒把**自己的**事情做好負責。這時候我們就可以說：「嗯，要不是太忙，我就……」

另一方面，我們自律的那一面，則是會說女王的那句格言：「最好不要。」

或是，借用懷特（E. B. White）在受邀參與備受認可的工作時說的話，學他巧妙地回答對方：「我必須拒絕，理由保密。」珊卓拉．戴．歐康納（Sandra Day O'Connor）法官的一名職員，曾經語帶崇敬地說：「珊卓拉是我認識的女性當中，唯一不隨便道歉的人。女性常說『抱歉，我做不到』，而她會直接說『不』。」

拒絕對方，由你自己決定。可以適當保持禮貌，但要自己決定。

因為人生是你的。因為那是你的權力，請好好把握，成為有力量的人。事實上，你將會擁有，比全世界最有權力，卻被忙碌行程、龐大野心和欲望奴役的人，更強大的力量；你將會擁有，比統治龐大帝國，卻被誘惑奴役的征服者，更強大的力量；你將會擁有，比害怕錯失機會的億萬富翁，更強大的力量；你將會擁有，比慣於追逐亮眼新事物的領袖人物，更強大的力量。若你成就非凡，卻沒有自由的日子可過，你在領受這樣的懲罰，誰會在乎？

你在**做選擇**，所以覺得自己是自由的。可是假如你一律回答「好」，那就不太能算得上是你的選擇了。

或許，這說明了，詹姆斯．馬提斯（James Mattis）將軍在擔任國防部長期間的一則軼事，何以如此不尋常。大家都知道，馬提斯將軍只喜歡默默做好分內之事。他不像其他華府政治人物，對參加週日晨間的各種談話節目趨之若鶩。他不在乎經營品牌、不在乎耍心機。不，他只想工作。他想真的把事情做好。

不管政府官員如何央求、出言刺激、煩他，或批評他不協助政府傳達訊息，最後他都總是致電給媒體部門，用十分冷靜的語氣重申：「不。」

他解釋：「我靠殺人謀生。要是你再打電話給我，我就他媽的把你送到阿富汗。清楚了嗎？」

事情就到此為止。

無法拒絕顯然是別人的人生的人，將無法活出自己的天命。當你無法遵守「專注在**重要的**事情上」的紀律，你不可能完成重要的事。

專注、專注、專注

貝多芬會在跟別人講話講到一半的時候，突然神遊到其他地方。就算講話的對象是跟他談戀愛的女人，或某個位高權重的親王或贊助人也一樣。當他腦中出現重要的作曲點子，他會投入這個想法，沉浸其中，著迷得幾乎像被催眠。他可以馬上專心地深刻投入。

曾經有個朋友問，**你在聽我說話嗎**？貝多芬回答，「抱歉，我剛才一心想著美妙的點子，無法強迫自己分心。」

他們說他陷入「狂喜」（raptus）。那叫做心流，是一種深度專注的工作狀態，以及偉大樂曲的源頭。他被繆思女神深刻吸引，並緊抓住繆思女神，除非得到他需要的靈感，否則不會放手。

你或許覺得，藝術家像這樣心思說飄走就飄走（隨心所欲追逐閃現的念頭）有一點放縱，甚至是缺乏紀律的舉動。但那其實是深刻的自我控制與非常專注的表現。停留在表層很容易，被干擾事物分心，也很容易。

在繆思女神降臨時，尊重靈感呢？真的專注在重要的事物呢？忽略其他所有事情，去抓住一剎那的點子，或動腦處理看似無法解決的棘手問題呢？這是必須下決心，才有辦法因應的心理挑戰。這是我們必須培養的能力。我們必須專心投入，真正地、完全地、全心全意地，投入。

因為那種能力太稀有了。

在充斥分心事物的世界，專注是一種超能力。

人們說，我很專心，只不過……

……手機叮咚響起。

……我分心了。

……我累了。

……我的手邊有好幾件事情要做。

……我不是真的擁有實際投入一件事的自律心。

光是專注在重要的事情上還不夠。你必須要能夠盤子清空後，將全副心力放到重要的事情上。它要求**全部**的你。斯多葛哲學家告訴我們，要學習羅馬人時時刻刻展現專注力，把握住腦中的想法和眼前的機會。我們不能浪費，必須篩選想法，將注意力集中到重要的事情，並且投入。

這在瑜伽的傳統裡叫做「一境性」（Ekāgratā）——把全副專注力放在一個焦點上。當你擁有將心力全部放在一件事情上的能力，你將能夠透過嶄新的觀點，去認識這件事情，以及……你自己。

貝多芬不只以從社交對話中飄走聞名，也以一段時間深刻集中投入一件音樂作品聞名。交響樂曲不會自己寫出來，你不只是需要乍現的靈光或一陣狂喜，而是必須在各個方面，花費數小時、數日、數月、**數年**，長久專一地投入一項計畫。關於貝多芬傳奇似的驚人專注力，甚至有個悲慘諷刺的小故事。他逐漸喪失聽力，在這個過程中，許多與他最親近的朋友，都沒有發現他失聰了。因為他們以為他只是沉浸在創作世界。他們相信，要是他想，他是**聽得見的**。他們先入為主認為，他只是像許多年來的做法那樣，將世界的雜音關掉，專注在真正需要聽見的聲音——繆思女神的話語。

所有藝術家和領袖都需要培養這項技能。雖然歌德和貝多芬兩個人其實處得不太好，但是他們擁有類似的能力。有一位傳記作家說歌德是「忽略事物的大師」。他和貝多芬都將此與藝術創作的能力結合，專心投入手邊的工作或計畫，開創傳奇的成就。

事實如此。繆思絕對不會賜福給不專心的人。即使會，不專心怎麼知道繆思女神降臨？

我們常拿心不在焉的教授們開玩笑，說他們似乎比一般人更不會打理生活。事情正好相反，他們其實是在示範如何真正全神貫注於一件事。我們把太多注意力放在不重要的事情上，而不明白真正的心智紀律有其代價——而那些專心的人，願意付出這項代價。所以說，他們才會找不到汽車鑰匙，或穿上不相配的襪子？他們最後會以何種面貌烙印在世人的腦海？是偶爾在社交場合中失禮？還是專心創作，留下顛覆世界的作品？

他們將醒著的每一分、每一秒，以及每一分毫腦力，都集中運用於他們在嘗試解決的大問題，運用於創新的研究工作，或透過他們創作的每一個小節、每一篇樂章，去定義音樂的革命。意思是，你不只要懂得拒絕，還要斷然、全然「接納」面前的重要任務，堅決到就連被你拒絕的事物是否存在，你都注意不了。蘋果公司的首席設計師強尼．艾夫（Jony Ive）解釋說：「專注，不是一件你渴望去做的事……或在星期一要做的某件事，而是每一分鐘都要做到的事。」他敘述，賈伯斯總是問他和蘋果公司的其他員工在專心處理些什麼事，甚至直截了當地問「你拒絕了多少事」。因為想要專心處理好一件事，必須把專注力從比較不重要的事物**抽離**。

愛比克泰德提醒，當你說明天再認真處理或晚一點再專心做，其實你是在說今天的我要當個無恥、幼稚、卑劣的人；我把使我痛苦的能力交託給別人。

不對，如果這件事情值得去做，它就值得你今天就專心處理。它值得你在**這一刻**專心去做。

因為我們跟貝多芬一樣，誰都不曉得還有多少年好日子，或身體器官還能持續運作多久。要在身體堪用的時候，妥善運用。

等待甜美的果實

是的，喬伊絲．卡蘿爾．奧茨是同一時代產量最豐、最專心寫作的作家。可是如果她只想趕快把書寫出來，這樣還令人欽佩嗎？

顯然不會。高產量不能成為胡亂做事的託辭。

奧茨不只是堅持坐到位子上，寫出許多作品。除了辛苦的體力勞動，她還要有堅強的心智紀律，去調節創作的動力，將作品修飾完善再出版。

她解釋：「我很少立刻出版著作。」她每次寫完初稿，都會把文稿放進抽屜，在那裡放個一年，甚至更久，讓作品慢慢孵化。這段期間，奧茨會思考別的寫作計畫。她會探索其他構想、閱讀更多文字、研究得更深入、更用心生活、深入思考。

不是初稿不夠好，而是你必須對初次湧現的興奮，乃至於任何容易到手的事物，時刻抱持懷疑。奧茨以耐心擴大視野，讓關於一本書的每個微小決定，都有時間獲得妥善處置。

她也許會多添加幾頁內容，也許會把某個角色或場景整個刪除。雖然大部分的時候變化十分微小，但是這個謹慎處理的過程很重要，任何有意義的創作都該如此。林肯撰寫《解放奴隸宣言》（*Emancipation Proclamation*）的時候，除了等待適合發表的政治和軍事時機，在撰寫文稿的過程中，他也數度將文稿放下。他說，自己像畫家處理草圖那樣，偶爾添加一兩句，「這裡、那裡潤飾文稿，迫切地關注事態發展」。

這樣做很簡單嗎？不管對作家，還是政治人物來說，等待適當時機都是一件痛苦的事。但如亞里斯多德提醒我們：「耐心等待很痛苦，但果實很甜美。」

不論做什麼，除了趕緊行動和付出努力，你都還要培養「耐心」的紀律。這種軟性技能帶給我們的挑戰，很可能更甚於長時間坐在椅子上，或多年奮鬥。當直覺告訴你**行動吧**，當你真的很想**動手去做，等待……**是的，**那是最困難的環節**。

等待消息。

等待好機會。

等待情況穩定下來。

等待解決方法出現。

等待人們改變想法。

等待並檢視自己的假設。

等待是否能思考得更透澈。

我們能從等待獲得什麼？

這個嘛，《聖經》說透過耐心我們能擁有的不僅止於靈魂。

耐心的紀律能防止我們……

……在資訊不足的情況下行動。

……做出錯誤的選擇。

……太快行動。

……勉強行事。

……把別人催得太急（或對他人太快失望）。

……下錯結論。

……錯過唯有等待才能獲得的一切美好回饋。

如愛迪生的例子告訴我們，耐心是天才的首要條件。若是少了先潤飾修改再行推出的耐心，就算靈光乍現或才思泉湧也不具有意義。愛迪生的天才即在於此——他堅持耐心地反覆測試，將實驗或發明暫時擱置一旁，等待其他人為他取得更棒的材料，他不只把燈泡發明出來，還堅持想辦法透過地下管線，將電力傳輸到第一個街區，並把相關的政治問題打點妥善，在紐約市落實構想。

缺乏耐心的人，不可能與他人合作。他們不可能不做錯誤判斷或誤判時機。他們不可能完成重要任務，因為凡是大事，幾乎都更需要花時間處理，絕對比我們預期的時間久。

與此同時，有耐心的人不僅更容易與人合作，他們也受到更多的保護、更有復原力。如達文西所寫：「耐心可以幫我們抵禦不公，如同穿衣禦寒。溫度降低，只要穿多一點，就不會受傷。同樣的，當你遭受嚴重的冤屈，你更要耐心以對，這樣你才不會心生煩惱。」

做好準備並且等待，這樣就夠了。

我們不只要在每一天展現耐心，還要有**長久的**耐心，像沙克爾頓那樣的耐心。要將書稿放入抽屜孕育；去睡覺，明天再回來處理；等複利發揮效果；等投資增值；等計畫展現成效；等人們理解你提出的劃時代想法……等待事件證明你的清白。

但重點就在這裡。假如事情真的如我們所設想，假如不需要吃苦、犧牲和發揮耐心熬過去，也就不需要自律精神了。**任何人**，都能夠辦到。

此時，果實不僅不再那般甜美，也早就被別人吃掉了。

追求完美是一種壞習慣

一九三一年，冬天，瑪莎．葛蘭姆從馬雅文化和阿茲提克文化汲取靈感，要編排一系列名為《儀典》（*Ceremonials*）的舞蹈作品，陷入了難以擺脫的困境。葛蘭姆是出了名的完美主義者。她對能否完成舞蹈作品深感絕望。她憂心忡忡、自我批判，被配不上古根漢獎的愧疚吞噬，認為自己一定無法完成配得上高知名度的舞作，更不用說心中的理想。

她自怨自艾地說：「冬天結束了。一整個冬天創作的東西都不能用。我毀了這一年，作品差強人意。」

儘管她的舞者喜愛這部作品，儘管他們將身體和靈魂投入其中，她的眼裡依然只有需要修改的地方。她的眼裡只有那些不完美，她被困在某種創意的牢籠。

在許多領域，優秀人才都面臨這樣的悲慘命運。他們的成就建築在超高的標準之上——通常比任何人所能要求的標準都還要高，包括觀眾和市場——但這樣的長處也是一種嚴重缺陷，不只讓他們無法享受成就，也導致他們愈來愈難以推出下一件作品。

因為永遠不夠好，因為總是還有可以努力的地方，因為比不上他們前一回的成果。

達文西就是這樣，他有一陣子總是無法順利完成畫作。賈伯斯在被蘋果公司開除前陷入困境，無法順利推出麥金塔電腦。聽小說家拉爾夫・艾里森（Ralph Ellison）著傳的作者說，完美主義「充塞於」艾里森的血管，有一次，艾里森要為自己的書撰寫一份簡短聲明。這本書他花了數十年心血，已經成為生活和呼吸的一部分，本該在四十分鐘內寫好的聲明，他卻寫了四十個版本。可悲的是，因為艾里森在寫出曠世巨作《隱形人》（*Invisible Man*）之後，就再也沒有發表相關續作——儘管他多年來寫了大約五十公分長的無用文稿。

那是什麼？是謙卑嗎？是將小事做好的執著嗎？不是，那些是我們經常用來讓自己安心，替某種自戀或執著心態開脫的藉口。我們相信其他人都**很在乎**我們被困住的那個點。我們告訴自己那叫自律，但那其實是自我意識作祟。

就像大家說的，完美主義換句話說，就是心理**癱瘓**。

對完美的執念會使你見樹不見林，因為到頭來最慘痛的錯過，其實是沒有踏出嘗試的第一步。你沒有送出去的東西、你因為太害怕或太嚴苛，而未能推出的作品，或未能嘗試去做的事，就是一種失敗。原因為何並不重要，不管是因為拖延，還是完美主義，結果是一樣的。你沒有付諸行動。

斯多葛哲學家提醒我們——不能因為無法做到完美而灰心喪志，甚至放棄目標。因為沒有勝利的把握、不確定大家都會喜歡，就不去嘗試，那種情況也有一個形容詞，就是**懦弱**。

我們必須拿出勇氣繼續前進。去嘗試看看，把握機會。即使可能輸得一敗塗地，也要踏入賽場一較高下。我們也要能夠**如此堅強**。

幸好瑪莎．葛蘭姆有個好夥伴，他會在必要時催促她，把她從過度嚴格的律己精神拯救出來。當她受困於《儀典》的創作過程，音樂總監路易斯．何斯特（Louis Horst）主動介入，並告訴她：「創作不可能永遠維持在同一個水準。〈第六號交響曲〉是接在〈第五號交響曲〉後面的作品，要是少了〈第六號交響曲〉就不可能會有〈第七號交響曲〉。我們無法確知接下來會如何。過渡期和成就同樣重要。」

完美不僅如大家所說是優秀的敵人，它也是阻礙前進的敵人。當你原地踏步，你的潛力也就無法發揮。這說明了為什麼**完成一件事**本身即是成就——那是一種**無論如何必須做到**的重要紀律。

你當然會想繼續彌補、修正和不斷在腦中思考問題。但你要能夠阻止自己，要能夠對自己說：「終於完成了。」假如你無法自己做到，假如你難以走完計畫的最後一哩，或假如你知道自己可能會落入完美主義的圈套，那麼你能否發揮自律心，找個夥伴幫助你擺脫泥淖、取得平衡？

瑪莎．葛蘭姆如此成功，身邊想必會有許多馬屁精和應聲蟲，但她沒有讓這些人待在身邊。她知道，如果想要創造偉大作品，她所需要的是調節的力量，包括了給予睿智建議的人，以及值得信賴的贊助者。艾里森和達文西雖然都很傑出，能夠善加運用他們的天賦，但是他們都沒有做到這一點。

替瑪莎．葛蘭姆著傳的舞蹈搭檔艾格妮絲．德．米爾（Agnes de Mille）這樣描述何斯特：「是他——只有他能夠——督促瑪莎自律地完成作品、整理出一個樣子，交出可以表演的東西。他對這件事情的態度很實際。他會給她幾個星期，甚至幾個月的時間，然後打電話要她就此打住，他會要求焦躁至極、猶豫不決的瑪莎做決定。舞蹈編出來了，雖然不是最終版本，但是編出來了。」

她寫，**多虧有何斯特**，**才有第一場表演**。

我們知道，沒有第一場表演，永遠沒有機會趨近我們所追求的盡善盡美。

困難的事情先做

世界上最常遭人誤解和弄錯出處的一句名言，非尼古拉斯・尚福爾（Nicholas Chamfort）的話莫屬了。他說：「每天早上都要吞下一隻蟾蜍，這一天才不會再遇到更令人作嘔的事。」

這句話被人簡化，而且經常被誤會是馬克・吐溫說過的話。*它要傳達的意思其實是，如果在一天的開始就「吞下蟾蜍」，那麼接下來這一天就不太可能再過得更糟糕。和平主義詩人威廉・斯塔福德（William Stafford）的日常守則「困難的事情先做」，將這個概念詮釋得更貼切。

不要躊躇。不要對自己說先慢慢準備。不要對自己說，把其他的什麼排除，**再去……**

不，現在就付出行動。

*事實上尚福爾本人表示，這句話的來源是某位名叫德・拉賽（M. de Lassay）的先生。

先把它做好來。

那叫輕重緩急。

把這件事情做完。

那叫把自己打理好。

別忘了，童妮・摩里森在拂曉前起床不是為了「寵溺自己」。那些早晨不是用來跟上時事或摺衣服。時間有限，她運用這段時光寫作——在其他人還沒有動起來，就把握住這一天。

這並不容易。有許多時候她並不想早起，但當她成功做到、當她依著晨光靜靜寫出文稿，她不僅朝成為偉大作家的目標更邁進一步，某方面她也創造出「寵溺自己的時光」。因為這樣一來，這一天其餘時間就成為多出來的時間。她藉由打理（困難的）事情，把自己也打理好了。她主宰早晨（將蟾蜍吞下去），之後的都是她多做的事情。再也沒有什麼事情難於她已經獲勝的戰爭。

一日之計在於晨，人生也是，你必須把握每一個今天。不論老幼，不論晝夜，任何時候，只要拖延，**把事情延後再做**，都是輸家的玩法。

塞內卡寫，所有蠢蛋的共通點都是——他們總是在**準備**過日子。他們告訴自己只是需要等待某些事情到位、只是覺得時機未到、之後再開始……

……究竟要在什麼之後？

其實**沒有什麼之後**。

他們永遠不會開始動手。我們永遠不會去做那件事。

你得比那種心態更聰明，比那種心態更自律才行。

蒙田說：「我一直念著，可以改天做的事，都可以現在完成。」

賀拉斯（Horace）寫：「遲遲不以正確方式生活的人，就像想要等河水流光才過河的鄉下人。」

用斯多葛哲學家的話來說，你現在就有能力做好；卻選擇明天才行動。

拖延是一種特權、一種傲慢。這種心態假設你還有「之後」，假設你會生出之後再做的紀律心（而你現在就沒有這樣的自律心了）。

我們或許可以說，讓人失去潛在能力的墳場裡，占滿了那些要**先做**其他事情，再做正事的人。

現在就是做事的好時機。

現在就是開始行動的好時機。

你要從困難的部分著手，那個你最不想處理的部分。不要心不甘情不願，而是要懷抱敏捷專注的心態，用為了困難事務受鍛鍊的身體，迅速積極地處理。

愚笨的人太軟弱、太害怕、太缺乏自律精神，而無法辦到這點——那是他們的問題，但那卻是你的好機會。

因為你將在此取得勝利。他們將會拖延，而你將領先他們。

前提是你現在就要行動。

你能重新振作嗎？

一九五九年，帕特森冒著風險賭上冠軍頭銜，與英厄馬爾．約翰松（Ingemar Johansson）對戰。

帕特森為這一戰充分訓練。但隨著比賽日愈來愈近，帕特森這一方卻似乎少了什麼東西。也許是少了渴望，也許是少了決心。

帕特森意興闌珊、缺乏耐心、過度自信。

他在場上顯露出這樣的態度。他沒有獲得勝利的資格。帕特森事後回想這場比賽：「每個拳擊手都應該對可能面臨的狀況存有一絲畏懼。因為恐懼能令你心思更加敏捷。當你毫無畏懼，心智會變得遲鈍。」

但當時他並不認為自己可能會輸掉比賽，看得出來他的心智並不敏捷。

第三回合他被擊倒**七次**，比賽至此，終於結束。

當他從被揮拳的昏聵感清醒過來，幾個可怕的字浮上他的心頭：「我失去了冠軍頭銜。」帕特森感到不可置信，但事實確實如此。更令他痛苦的是——這一切都是他自己的錯。

故事多半至此結束。是的，直至那一刻的拳擊史，以及幾乎每一場冠軍爭奪戰，都是到這裡就結束了。衛冕者一旦失去冠軍腰帶，就**再也**無法奪回來。他們被擊倒了。拳擊生涯結束，一蹶不振。

帕特森意志消沉、懊惱自責了好幾個星期。愧疚感令他痛苦。他幾乎睡不著覺，甚至無法直視孩子的眼睛。他被**擊垮**了。

後來，被帕特森奪走冠軍頭銜的拳擊手摩爾，寄給帕特森一封信。信中寫著：「親愛的佛洛伊德，我了解你此時此刻的感受。希望你不要一直難過下去。許多拳擊手都遭遇過相同狀況。我當然不想輸給你，但命中注定如此。」接著信中分析那場拳擊賽，以及帕特森的應戰策略裡的明顯問題，最後寫：「如果你集中精力出拳並在這個人周圍移動，你可以成為史上第一個奪回冠軍的人，你可以做到的，你的朋友摩爾上。」

我們應該要花點時間表揚這位前任冠軍。他主動花時間寫信鼓勵處在人生谷底的頭號敵人，真是善良又自律的舉動。摩爾大可嘲笑帕特森，但他沒有，他選擇幫助帕特森重拾信心。

對陷入絕望的帕特森來說，摩爾的好心鼓勵，就像雪中送炭。他不再往後退步，自怨自艾的派對結束了。他想起一切操之在己——**他可以化悲憤為力量**。他開始恢復訓練。他痛定思痛看完丟臉的敗陣影片。每一次觀看，都是一次折磨，但他從中記取教訓。接著，一九六〇年六月，距離前一場比賽幾乎一年了。帕特森在第五回合進行到一半時擊倒了約翰松。帕特森的拳頭重到，倒臥在場中的約翰松，五分鐘之後才恢復意識。

帕特森是職業拳擊賽開辦二十年來，首位（以及僅僅四位當中的其中一位）重新拿下重量級拳王寶座的拳擊手——這件事強烈提醒我們，失敗並非永遠的，你可以從挫敗中重新站起來。

我們都會有搞砸事情的時候。我們都有可能沒有把握住足以改變一生的大好機會。我們都有可能沒有遵守飲食計畫或戒酒失敗。我們都會發脾氣和丟臉。我們都會犯錯。我們都會被打敗。自律是這樣的——它永遠不會讓我們失望，但我們有時候會失去它。

但那就是故事的結尾了嗎？我們就這樣蓋棺論定嗎？還是我們能不能重新振作？

事情的成敗並非總是掌握在我們手上……但要不要當個失敗的人，要不要當個逃兵，取決於自己。當你說：「管他的，很重要嗎？」責任就在我們自己了。對明顯輸掉的比賽認輸投降是一回事。從此放棄奮鬥，放棄自己的標準呢？那樣你就不只是被打敗，而是被**打倒了**。

不要因為你不是天生冷靜或天生完美的人而沮喪，因為沒有人天生如此，而且沒有人指望你應該如此！

如果你的標準高到會讓你在達不到標準時放棄，那麼你其實不是有很高的標準，而是有放棄的藉口。

這也就說明為何，不論在道德還是工作上，抱持完美主義都很危險。當我們達不到標準，當我們被證明是個有缺點、有脆弱環節、可以被打敗且存在問題的人，我們就會很難重振旗鼓。如果我們像帕特森和葛蘭姆那樣對自己過於嚴苛，我們會把自己打敗……再也無法東山再起。

我們都會有搞砸的一天。我們會再次犯錯——無法堅持飲食習慣、重拾壞習慣之類的。我們在大家面前做錯事——沒有像應該做到那樣趕緊行動、對誘惑或十分鐘熱度投降，甚至一時懦弱。我們會失敗。沒有人可以一輩子永遠不被打敗。

既然如此，在那之後呢？

我們能不能再次振作？能不能捲土重來，再試一次？

在禪宗的傳統和《聖經》裡頭，恰巧都有談論失敗七次、八次振作的諺語（帕特森在第三回合慘敗後，亦是如此）。

傑出的全壘打王王貞治常說，對運動員而言，失敗只是代表明天有機會再上場努力，表現得更好。勝利也是這樣的好機會。

一個人的專業就展現在這裡——把勝敗當成重返戰場的機會。你可以從這裡再次找回自己原本的步調並維持下去——因為那是你最快樂、最有掌控力、最有共鳴的狀態。

就連最樂天、最堅強、最能自律的人，都會因為某個情境的壓力，或自己的行為後果，而亂了腳步。現今人們記得的維克多・法蘭可是個無論如何都能正向樂觀以對、儘管經歷可怕的納粹大屠殺仍能堅信人生意義的人。但其實一九四五年，戰爭剛結束時，他寫了張紙條給幾名友人。內容是：

「此刻我疲累得無以名狀，悲傷得無以名狀，孤獨得無以名狀……在集中營裡，你真的會相信自己來到人生谷底——而回來以後，你被迫看見人事全非，幫助你堅持下去的一切都被摧毀，因此當你重新做人，你會墜入到更加深不見底的痛苦裡。」

我們很難責怪他，也難以想像，若他就此沉淪，甚至放棄人生，人類將會失去什麼。然而，**儘管經歷了這一切**，他仍然重新振作。他對人生點頭，願意重新嘗試一次，回到場上，拚了命設法重拾快樂。

如果他在那樣的經歷後，都能辦到，我們都辦得到。

自律心會敦促我們去做，我們的命運取決於此。

對抗痛苦

約翰・甘迺迪雖然生來英俊富有，上天卻沒有賜給他一副好牌。他有一個個性冷漠、專橫的爸爸，而且家族成員有藥物成癮的歷史。他的身體老是出問題，從潰瘍、愛迪生氏病（Addison's disease），到退化性背部問題（這個問題最初因為打美式足球，後來又因為戰爭受傷惡化），甘迺迪幾乎沒有哪時候不感覺疼痛，而且充滿創傷的童年和辛苦的工作，為他帶來更多壓力與緊張。

這不是他的錯。

除了挫折，那也是一種折磨。他一定曾經在某幾天早上，躺在床上——或在跌倒，躺在地上時——心裡想著，是否有必要起來。

儘管如此，看過甘迺迪的醫療紀錄的人都會覺得，他為了緩解疼痛，所願意使用的藥物種類，很是嚇人。他在擔任總統的時期，服用皮質類固醇、普魯卡因（procaine）、止瀉寧（Lomotil）、睪固酮、鴉片樟腦酊（paregoric）、苯巴比妥、盤尼西林、安非他命，以及其他能夠取得的藥物。他曾經告訴英國首相，如果沒有維持性生活，他就會偏頭痛。

一位醫生看見甘迺迪使用的安非他命注射劑和止痛藥，曾試圖阻止他，但是甘迺迪回答：「就算是馬尿，只要**有用**就好。」

真的有用嗎？

甘迺迪需要的藥物量愈來愈大。

儘管有腦袋清楚的人曾經提出警告，他仍然繼續向不同的醫生求診取藥，並且允許一群靠不住的醫療執業人員走進他的人生（以及進駐橢圓辦公室）。那些藥物，最後當然讓甘迺迪付出了代價。他並沒有擺脫疼痛感，而且心情抑鬱，思緒一片混亂。可是，他不但沒有降低對藥物的依賴，反而變本加厲，開始服用強效抗精神病藥物。

古巴飛彈危機劍拔弩張的那十三天，甘迺迪所展現的冷靜睿智，確實應當名留青史，但仔細檢視會發現，他的魯莽醫療行為將上百萬人的日常生活置於險境。一位醫生知道他在服用強效抗精神病藥物時警告：「沒有哪位總統能把手指放在那紅色按鈕上，應該服用那種東西。」並威脅要是甘迺迪不立刻停止服用藥物就要公諸媒體。

關於痛苦與愉悅是這樣的——它們是身體的感覺，但它們會影響心智與心情，亦即**我們的心性**，必須時時守護。

有沒有可以接受的藥物和治療方式呢？當然有。

我們不該將接受憂鬱或慢性疼痛的相關幫助，視為違反節制原則。愛比克泰德終其一生受腿部扭曲和骨折之苦——倘若當時有安全的止痛方法，要是不試試看就太傻了。我們也會遇到類似狀況。人會遭遇意外，身體會老化，也會有傷心痛苦的時刻。問題是甘迺迪想找到一種（或**多種**）消除問題的神丹妙藥。他把性愛和藥物當作逃避的手段而非工具。痛苦不是他的錯，但他為了消除痛苦所採用的方式是他的錯。

事實上，他的背痛問題其實有個簡單的治療方式。拒絕開藥給甘迺迪的醫生發現，這位總統連一個仰臥起坐都做不起來。他向甘迺迪解釋：「你再不運動，很快就會變成廢人。一個星期運動五天，現在就得開始。」甘迺迪透過伸展、呼吸訓練、重量訓練，以及健身操，重新找回一大部分的活動力。疼痛也減輕到比較可以應付的程度。甘迺迪告訴這位醫生：「真希望能夠早十年認識你。」要是那樣他應該就不必使用腰背護具了。*

雖然不是每個問題都能靠新鮮空氣和運動來解決，但如果有人對你說不必做些什

*他被暗殺時就穿著它，使他成為容易被攻擊的目標。

麼就能讓疼痛感消失，你一定要對其抱持高度懷疑。所謂的「庸醫」就像希臘神話裡的賽蓮海妖——歌聲甜美……但往往會使人喪命。

但是一個世代又一個世代，人們總是看不清這點。現代人比甘迺迪少了很多痛苦（至少身體上的疼痛），卻大肆流行使用詞語「做內在功課」（doing the work），形容他們使用各種實驗性致幻藥物來應對他們的精神或心理困擾。然而，他們卻忽視了芬太尼帶來的毀滅性影響，以及全球因鴉片類藥物而受到的危機。

藥品不能拿來開玩笑！

教宗若望保祿二世的提醒是對的。他說，節制有一部分是不要衝動地「利用藥物去除意識」。理性能力（和身體）可能帶來折磨，但那也是一份禮物。我們不該削弱它的力量，或在不必要的情況，攪亂身體的化學機制。

做內在功課？我們的「功課」是要過清醒的人生。神遊一趟？去接受治療吧！請努力克服痛苦。每一天治癒一點，每一天改善一點。

或許那就是甘迺迪採取的方式如此誘人的原因。他相信只要一種東西就能夠帶來舒緩——某種類似「索麻」（Soma）*的藥或器具，用於去除我們的痛苦、無聊或沮喪。事實上，正是這樣的寄望讓我們成為了，專找身陷痛苦的人下手的大師或庸醫喜歡鎖定的目標。你要對帶你逃離眼前痛苦的人事物抱持警覺，任何承諾「強烈歡快感」的事物，都容易造成莫大痛苦。

「做內在功課」其實是要思考整體狀況，必須追根究柢。要針對傷害治本，不是治標，你得接受治療——以甘迺迪的例子來說，他不只需要身體方面的治療，也極需心理治療的協助。這麼做需要真正的勇氣與自律精神。因為那比較花時間，因為那代表，你要面對害怕的事物，而且你會緩緩進步，不會立即改變。這不會是件容易事，但至少不太有副作用。

這麼做也有可能代表，不論多麼不公平或多麼不舒服，你得找出與痛苦**和平共處**的方法。

斯多葛哲學家管這叫「emmenetea」，意思是「必須忍耐之事」。盧．蓋瑞格知道，在職業棒球的路上，走遠了免不了受傷。人生亦然。他的隊友在回憶時，說：「我記得，蓋瑞格有一次右手中指骨折。每次擊球都很痛。接球的時候，更是不舒服到差

＊編註：出自赫胥黎的反烏托邦小說《美麗新世界》。索麻作為美麗新世界政府頒發的「合法毒品」，讓所有憂鬱、難過、憤怒，甚至為情所困的人民可以直接吸用；如此將再也不會受到這些情緒縈繞心頭。

點噁心反胃。你可以看見他臉部抽動。但他始終待在球場上。」第二〇四四場比賽，他發生嚴重腰痛，下背部劇烈疼痛到難以挺直身體。他的連續出賽要中斷了嗎？蓋瑞格說：「等一下就好了，我都這樣。」他大可再回去喝酒，或做更糟糕的事……但他沒有。他不借助外力，他待在場上，繼續比賽。

但疼痛也是一種指標，它是一種警示燈，提醒你放慢速度或改變做法。這就是格雷格．波波維奇願意繳罰款讓球員休息的原因——寧可傷錢包心痛，也不要讓球員受傷痛苦（和服用止痛藥）。甘迺迪有很長一段時間無視風險，不花心思改正錯誤，只想找法子繼續外遇、延續青春活力、否認自身極限。

身體試著警告他，醫生試著警告他。

他卻視而不見、置若罔聞。

世界上沒有幾個人比伊莉莎白女王更堅強。但不傾聽身體的聲音、不好好照顧自己，無法走得像她那麼長遠。伊莉莎白女王採取可長久執行的做法，不走捷徑。有一名外交官的年輕妻子曾經久站腳痛。伊莉莎白女王這樣建議她：「你要這樣站，兩隻腳要保持平行，重量一定要平均分散，訣竅只有這個。」

當然，還有其他必須注意的事，但那是第一件。

我們要能耐得住痛苦，但也要處理從根本解決痛苦。
要找到讓身心一起有節制地、適度地、清醒地工作的方式。

對抗愉悅

相傳伊比鳩魯（Epicurus）是對愉悅感上癮的享樂主義者。他在花園上方掛了一塊告示牌，上面的題字確實給人這樣的印象。那塊告示牌寫著：

陌生人，你將在這裡流連忘返。我們這裡視愉悅為至善。這間住所的管理者是個友善親切的主人，他將好好款待你；他將用麵包迎接你，還會大量提供飲水，並告訴你：「你還沒有被好好款待嗎？這座花園不會吊起你的胃口，它會止你的飢。」

他要提供給賓客的是哪種愉悅感？

吃東西的愉悅感？
性愛的愉悅感？
喝飲料的愉悅感？
縱情酒色的愉悅感？

西元前三世紀沒有多少雅典人確定那是什麼樣的愉悅感，因此他們認為那一定是某種糟糕至極的愉悅感。數千年後，身為現代人的我們依然抱持相同的懷疑，鬆散地將「伊比鳩魯派」定義為縱情感官刺激的人。

但凡是真正拜讀伊比鳩魯哲學思想著作的人，都會找到一個簡單許多的快樂處方。伊比鳩魯在一封知名的信裡，對承諾滿足伊比鳩魯任何願望的富有朋友說，只要給他一小鍋起司，讓他款待自己即可。古代傳記作家第歐根尼．拉爾修（Diogenes Laërtius）寫道：「這是主張**愉悅為生命之目的**的人。」

對伊比鳩魯來說，愉悅不是貪食，不是不費心思給予身體任何渴望的事物。伊比鳩魯說：「愉悅是擺脫身體痛苦和心中煩憂，不是喝下一杯又一杯的酒和永無休止的狂歡作樂，不是性慾的滿足，不是享用魚肉和美味大餐，這類帶來愉悅生活的事，而是用清醒的頭腦推理判斷、尋找每一次選擇與逃避背後的動機，以及排除會為靈魂製造莫大煩惱的信念。」

伊比鳩魯不是英王喬治四世，他也不想成為喬治四世，因為成為喬治國王並不快樂。喬治國王的貪吃不僅使他短命，也讓他所追求的一切，很快就變成每天所要面對的惡夢。當貝比．魯斯暴飲暴食導致身體不適送醫，這樣的狀況很有趣嗎？

我們要避免**放縱**不是因為那是一種罪惡。我們自律是因為我們想在活著的時候避免過地獄般的人生——那是被我們自己創造出來的地獄。

你要知道身體很笨，要靠心性來解救身體。身體想要吃飽……卻吃下超過飽足的量。身體想要喝醉……但卻喝下不只酒醉的量。身體想要對感覺麻痺……如甘迺迪所說，假如馬尿有用，身體也能忍受。

身體想要滿足當下的欲望……它可以之後再面對後果。

我們得拿出足夠的智慧、自我控制力和**自我意識**，在那些事情發生前介入阻止。再說，當你會飲食過量，你就會為自己填塞任何容易過量的東西，例如：喝酒、工作、享樂、熬夜。

雅典政治家提謨修斯（Timotheus）曾經到柏拉圖家參加一場愉快的派對。事後提謨修斯表示：「你的晚宴不僅在享用的時候很愉快，享用完的隔天早上也很愉快！」

如果你吃太飽或吃完以後不舒服，如果你宿醉或醒來以後腦袋昏沉，如果你滿心愧疚或覺得丟臉，甚至不記得昨晚發生的事，那樣的活動真的很棒嗎？

斯多葛學派說，萬事萬物莫不如此。伊比鳩魯說：「記住，生活要像參加宴會。當一盤菜餚傳遞到你的面前，請伸手拿取適當的分量。當菜餚經過你的面前，沒有停下來呢？別去攔截。若是還沒有傳到你這邊？別急著去拿，等待菜餚傳遞到面前就好。也要以這樣的方式對待孩子、配偶、地位、財富——總有一天你將因此配得起與眾神同宴。」*

邱吉爾曾經這樣對太太說，要她放心：「永遠記住，酒精在我身上消耗的不會比我得到的多。」這是人生的重要考驗。不要只想你能獲得什麼樣的愉悅感，而要思考它會帶走什麼。想一想，你在追求的事物將如何老去。想一想，**以後**你會如何看待它——想一想不反應期（refractory period）、**宿醉、褲子太緊，以及幾個月後望著鏡子想**怎麼會這樣**的時候。

當然，禁慾和自我約束不同，一種是迴避，一種是負責。你得知道如何有分寸地去做那些事——要適合你的身體、基因、生活型態。路易斯（C. S. Lewis）提醒我們，節制的重點在「達到適當程度，即不再繼續」。

魯弗斯提醒我們，「就愉悅這項標準而言，沒有事物比自我控制更令人快樂……沒

---

*是的，就某些人事物來說，適當的份量是「零」。參見〈拒當奴隸〉一章。

**指一段時間內再次刺激無法產生相同的作用。

有事物比缺乏自我控制更令人痛苦」。向「放縱」投降的人無法真正享受到快樂。淪落為「欲望的奴隸」的人不會自由。

能夠做到在吃到令你討厭自己之前，做到在吃肉吃到滿身大汗，或攝取大量碳水化合物昏昏欲睡之前，就起身離開餐桌——是需要力量的。

晚宴中慢慢享受一杯酒，沒有再去多拿幾杯，或喝到不勝酒力才停手，同樣需要力量。

能夠明白，到最後，更大的房子不會使你更快樂，你不需要更多金錢、更多粉絲、更多的**任何事物**。

在你仍享受著某種樂趣，在你還能從那當中感受到快樂和愉悅的時候，絕對不要做到會後悔的程度，更不要超過那條界線。

不要學甘迺迪，要意識到，某些選擇讓你身陷危險的迷霧。想要做到，你需要自知之明和自我控制力，而且當身邊的人似乎準備好繼續享樂，你將會需要拿出十足的勇氣。

自律不是一種懲罰，它是避免受罰的方法。自律是因為我們愛自己、我們看重自己和我們在做的事。我們也會在這個過程順道發現，自律使我們做起事來更快樂。事實上，能從少量獲得滿足的人（例如，享用一小鍋起司如同美味大餐）更容易感覺滿足，更能夠在各種情境發現美好。

追求真我，而非花花世界。

追求快樂，而非縱情享樂。

依循心智，不由身體主宰。

征服愉悅，不受痛苦所惑。

回擊挑釁

亞瑟・艾許（Arthur Ashe）的父親有一天替維吉尼亞州里奇蒙市（Richmond）富有的猶太裔連鎖百貨公司老闆威廉・塔爾海默（William Thalhimer）開車。老艾許載著老闆到城鎮另一頭，去看老闆想要買下的房地產。他親眼見識到，在一九五〇年代，尚未重建的美國南方，連猶太人都受到歧視。

談價錢時，對方似乎對跟猶太人做生意非常厭惡，不僅出言侮辱他、對他擺出高傲姿態，甚至欺負塔爾海默。塔爾海默只是默默忍耐，完成交易，然後跟老艾許走回車子，坐車回家。

「為什麼？」老艾許忍不住問，「為什麼你要忍受那種待遇？」

塔爾海默解釋：「我是來這裡買那塊地，我得到那塊地了。那塊地現在屬於我，不屬於他。那個男人想怎麼辱罵我都可以，地是我的。」

他當然想對著那個人的臉揍上一拳，但那樣會讓那個反猶太人的人稱心如意，對吧？那樣他就不必跟猶太人做生意了，對吧？再說，塔爾海默能從中得到什麼？他會無法買到想要的土地，而且很可能鋃鐺入獄。

經過一段時間，我們可以拉開距離，看出這起事件的不公義，並對塔爾海默的沉穩莊重與自我控制力感到佩服。身為黑人的老艾許，身處在種族隔離主義盛行的南方，對這兩點當然有更深切的體會。事實上，他的兒子小亞瑟・艾許曾經表示，這個經驗塑造了父親的個性，讓他成為家中的重要支柱，並鼓勵他在種族隔離期間保有一顆務實、耐心、自持的心。老艾許並不在乎別人對他說什麼，或對他做什麼，對他來說重要的是養家，並幫助兒子在彷彿決心不讓他們成功的世界裡開創成就。去你的種族主義者，老艾許**要得到那塊地**。

當然，要是沒有這些事情更好。要是沒有人被侮辱或歧視，要是大家都以和善態度對待我們，要是我們能不被剝削、不被批評、不被攻擊、不遭受卑劣的對待，那就再好不過了，但人生並非如此。

節儉的羅馬人老加圖有個曾孫名叫「小加圖」（Cato the Younger）。小加圖曾經發生過一件事。有一天他到羅馬浴場，有一個人撞到了他。事出突然，眼看小加圖即將跟某個**整天不順**的人大吵一架。兩人就要扭打起來，此時小加圖讓自己冷靜下來。他當場拒絕冒犯者的道歉，但不是一般人預料的拒絕方式。他說：「我根本不記得被打。」

他不光是拒絕對方道歉，也拒絕心生怨恨。

自由乘車者（Freedom Riders）中唯一的白人詹姆斯．佩克（James Peck）曾多次提及，拒絕報復反而會促使攻擊者瞬間平靜下來，甚至如想像，進入驚人的反思狀態。**這個人為什麼不像我被怨恨吞噬？對方為什麼不像我失去控制？對方真的「比我優秀」嗎？**

請始終記得——對方雖然做錯，這件事雖然討厭，但要真的爆發衝突，需要兩個人。斯多葛學派說，在被冒犯的時候，與對方起爭執，就是共犯。我們**選擇**參與，交出自我控制力，換取放縱。冷靜的頭腦發熱了——即使我們知道，腦袋一旦熱起來，很難做出正確的決定。

人生……人們……會丟給你這樣的選擇，你可以拒絕接受。

不是有一則古老的伊索寓言，說獅子被蚊子的嗡嗡聲吵個不停，還被叮了一口嗎？我們必須培養忽視、耐受、忘記的能力。不論是討厭鬼的殘忍挑釁，還是我們所愛或尊敬的人，無意間做出的怠慢行為與過錯，都要這樣應對。如此一來，你才不會在怠慢引起的傷心之外，進一步受到更大的傷害。

露絲．貝德．金斯伯格（Ruth Bader Ginsburg）的繼母告訴她：「耳朵聾一點比較好。」這項建議不僅幫助她維持五十六年的婚姻，也幫助她在最高法院工作的那二十七年，與敬重但經常意見完全相反的同事和諧共處——其中最具代表性的同事是與她在意識形態上對立的摯友安東寧・史卡利亞（Antonin Scalia）。

想一想金斯伯格、老艾許和塔爾海默必須容忍的事。那是在法律與社會習俗幾乎不會站在他們那邊的時期。而你面對其實是「微歧視」（microaggression）的歧視，已經很難不抓狂了？拜託。

我們可以假裝沒看見。我們可以不去理會別人在電子郵件的對話來往中怎麼講我們。不必去預設最糟糕的狀況。不必把蚊子的嚷嚷搞成全民公投。不必因此被激怒。

可是，為什麼要這樣做？

因為你還有正事要做。他們**想要**讓你不高興。因為如林肯所說，如果每一次被攻擊你都停下腳步回應，你不妨現在就承認失敗。你將一事無成。你會永遠開心不起來。這樣一來贏的就是他們。

用過度行為去回應過度行為，只是最簡單的做法。我們必須記得，別人缺乏自我控制能力，不是讓你放棄自我控制能力的好理由，也不是功成名就的兆頭或法門。

小艾許的父親從塔爾海默強烈展現的例子看見自我控制力，小艾許又從父親身上學習到同樣的自我控制力。

小艾許有效轉化人生丟給他的挑釁，成功發揮網球選手的天命，你也將如此發揮天命。他沒有缺席，踏進網球場，做好自己份內的工作。

任何事、任何干擾、任何挫折……

沒有什麼能夠使他停下腳步。

小心這樣的瘋狂

二〇〇四年，美國職籃西區聯盟準決賽，第七戰，山姆・卡塞爾（Sam Cassell）以一記邊角妙投，幫助明尼蘇達灰狼隊取得兩分領先。只有最頂尖的運動員，才能在超乎眾人想像的高壓下，投出那樣的好球。

所以攝影機和觀眾愛死了接下來的畫面——回防時，被興奮與驕傲沖昏頭的卡塞爾，兩條臂垂到兩腿中間，擺出搖籃的樣子，踏著勝利和有力的步伐，彷彿正使勁搬運巨大的睪丸。

卡塞爾因為跳這段知名的「大鵰舞」，髖部發生輕微撕裂傷，導致身為季後賽第一種子的灰狼隊，雖然享有主場優勢，卻在分區決賽對上湖人隊時，輸掉了六場——卡塞爾受傷勢必有所限制，難以發揮影響力。

事後平心靜氣回想，任誰都不會願意為了幾秒鐘的慶祝或嘲笑，損失掉NBA冠軍頭銜，但是一時興奮，就是那樣容易令人失去理智。

我們的眼睛被蒙蔽了。

我們被沖昏了頭。我們的判斷力被遮蓋，失去耐心，我們無法忍住不該說的話、抗拒誘惑，連一點點的怠慢都無法忽視。

喔，我們因此付出慘痛代價，真後悔！

有時候只是一時驕傲、一時興奮，有時候只是一時氣憤、一陣焦慮、貪欲或嫉妒。或是淫慾……

想一想被性醜聞中斷事業的大人物們。他們擁有權勢，未來一片光明。是什麼把他們給迷住，讓他們甘願為稍縱即逝的快樂賠上一切？為什麼像馬丁·路德·金恩如此勇敢正直的人，會在髒兮兮的旅館房間，背著妻子偷吃？哲學家德謨克利特（Democritus）說性愛是「輕度的瘋狂」真是沒錯，它會使我們瘋狂，導致我們做出可鄙的事。

憤怒只是程度更輕一點的瘋狂。另外一位哲學家說，神要摧毀一個人的時候會先使他瘋狂。大家知道林肯會寫一些「激烈的信」（hot letters）。那是他氣憤時寫下的信，嚴以律己的林肯會把那些信收進辦公桌抽屜，不會寄給本來應該收到信件的人。相較之下，杜魯門在總統任期最不必要的醜聞，就是他會寄信罵人，包括寄給批評他女兒的《紐約時報》評論家的信。一位普遍而言能夠自律的總統不會寄出這些書信，不會這樣任意放縱強烈情緒。哎呀，連那些人中龍鳳，都會受制於憤怒。

不論是否為個人經驗、職場經驗或歷史事件，所有的後悔、錯誤和丟臉情況幾乎都存在一項共通點：有人無法控制情緒，有人失去理智，有人害怕或防衛心升起，有人只考慮到眼前幾秒。*

諷刺的是，現今人們一股腦兒稱讚「熱情」。古人對這個詞則抱持截然不同的看法。他們認為「熱情」非常危險，必須小心以對。因為即使是好的熱情（往往不是）也都經常導致我們偏離正軌。它會劫掠我們的心智或身體，有時候兩者同時劫走。熱情甚至還被寫進法律條文，稱為「激情犯罪」（crimes of passion）。

如果你在這一刻無法管好衝動，如果你在今天像木偶被拉著行動，滿足願望以後，你將如何行事？當你掌控權力，當別人願意幫你找藉口，當你手上掌握資源，你將如何行事？而且，到時候出錯的空間也會變小，你將如何行事？

事情比較不重要的人，失去控制沒關係，但你不一樣。

---

*聖安博（St. Ambrose）主教曾說：「飲酒是點燃激情的木頭。」在藥物和酒精面前缺乏自律心，會使人在處理情緒或下決定時更難以自律。

一時半刻的自負或興奮，導致你（和隊友）失去冠軍，代價太高；一時衝動妨礙訓練，代價太高；一時熱情遮擋平靜溫和的光，代價太高。

其他人或許可以，但你不行。

意思是你永遠不能隨心所欲、發洩情緒？當然不是。你要去愛和被愛，感受熱情。概念在於別在怒氣沖沖時，對心愛的人講殘酷的話語……或是為了幾秒鐘的誘惑，背叛所愛之人的信任。你可以生氣……重點是，**不要在生氣下做事**。

不只是生氣，許多當下產生的強烈情緒，也一樣。

約翰．伍登希望球隊保持最低度的熱情。他認為熱情是無法長久維持的危險燃料。他說：「我希望他們精力充沛、注意力完全集中並能控制自己。當球員擁有這樣的態度，加上本身的才華，接受良好的指導，你會發現，你帶領的是一支極具競爭力與能夠得勝的球隊。一旦變成熱情的奴隸，就不可能實現。」

在所有壞習慣當中，熱情最難戒掉。因為它突如其來，因為它是一種強大、易燃的燃料。因為在我們意識到受激情影響之前，傷害已經造成了。人可以擁有熱情，但沒有人承受得起當熱情的**奴隸**。

關鍵在於把事情的發展腳步放慢，把事情想清楚，試著不要被你不了解或無法控制的力量影響。就像有癮頭的人必須仔細觀察是否出現過度渴望的跡象，我們也要觀察能不能發揮自律心，不要失去理智。焦慮、攻擊念頭、對他者的欲望、慶祝，或不確定性的高壓，我們會燃起衝動，想隨情緒起舞。要在那些衝動製造大量蒸汽，累積過多動力，帶我們衝向牆壁之前行動，拉起手煞車。看見出口匝道，就要開出去。

關於伊莉莎白女王有個小故事。有一次，她和已故的丈夫菲利普親王長途跋涉了一天。女王發現，菲利普親王在那之後激動地與人爭論著，便出手幫了他一把。她吸引他的注意力，指向兩人前方的展示品，語氣冷靜和緩地說：「看這些陶器。」菲利普親王從激動情緒中猛然跳脫，停止爭論，看向陶器，恢復皇室成員應有的莊重儀態。有個無意中聽見這段話的政治人物，事後走回現場，有些驚訝地發現，那裡根本沒有擺放陶器。

如同羅傑斯先生（Mr. Rogers）那句很紅的歌詞所說，當你計畫錯誤，你必須停下來，改變計畫。當你看見某人要把自己交給一股熱情，請試著幫助他們轉移精力。

因為我們才是主人。我們的訓練、我們受過的指導、我們的才能、我們的（良好）心性，都在為我們指引明路。它們會引領我們前進。

不是熱情。不是輕度（或不那麼輕度）的一時瘋狂。

沉默就是力量

我們總是佩服斯巴達人的勇氣，而經常忘記，斯巴達人擁有其他不同凡響的力量。列奧尼達（Leonidas）聽說薛西斯的箭矢可以遮蔽太陽時，只回答：「那我們應該要在陰影底下打仗。」當另外一位征服者告訴斯巴達人，如果薛西斯的軍隊攻破城牆，他將把士兵殺光，斯巴達人只是回答：「如果……」

要能夠在生死關頭，這樣強硬地回應對方，顯然需要極大的**魄力**。這是斯巴達人**簡潔**、**有力**的談吐風格。談吐簡潔的英文「Laconic」正是源自斯巴達的拉康尼亞居民（Laconians），也無疑是他們自律文化的一部分。他們不會用兩個字去表示一個字可以表示的意思。他們不說必要之外的話——不言過其實、不透露過多資訊、不喋喋不休或大放厥詞。

就如阿基米德在斯巴達人的晚宴上所解釋：「懂得說話的專家，也懂何時不該開口。」斯巴達人會管好自己的嘴巴，雖然這代表，別人可能會因此小看他們。曾經有個斯巴達人，在激烈的爭執中，只是聽著，沒有表示意見。有人問他：「你是笨蛋嗎？」

他回答：「這個嘛，笨蛋絕對無法保持靜默。」據說，有個有名的斯巴達人，你幾乎無法「找到比他知道得更多，卻講得更少的人」。

羅伯・葛林（Robert Greene）說得極好：「握有權勢的人以寡言使人折服與生畏。」當然，諷刺的是，權力往往使人能夠肆無忌憚地，在任何時間，對任何對象，說出任何想說的話。要有紀律，才**不會**去做權勢者享受的事。

那樣當然不容易。尤其是在今天。除了你的自負心會想要主導，會想要說出它的意見之外，現在的科技還會助長自負心，公然引誘你分享、說出想法，使你陷入無謂的爭執，或與人激烈爭論。

不管是在網路空間，還是與人面對面的場合，我們都無法安靜坐著。我們覺得應該表示意見，所以插話；我們不想看起來很笨，所以插話（即使開口有可能更證實了我們的愚笨）；我們**就是無法忍受別人有錯卻不自知**，所以插話。

結果是什麼？往往是替我們找麻煩。那樣做不太會帶來正向改變，無法幫助我們做好**重要的事**，幾乎總是帶我們偏離正軌！

你能不能……

保守祕密？

不批評不喜歡的人事物？

請別人傳遞消息？

忍受誤解？

這是一種平衡。雖然我們都需要培養表達意見和說真話的勇氣，但我們也需要培養知道何時該保持專注、何時閉口不言（以及懂得衡量最有效益的講話內容）的自律精神。

你不必把每個想法掛在嘴邊。你不必每次都要發表意見——尤其是沒有人開口問你的時候。談話出現空檔並不表示你得將空檔填滿，大家都在說話並不表示必須插話。你可以與尷尬共處。你可以好好利用靜默的時間。你可以先等待，再打算。

你可以決定完全不開口……讓行動替你說話。

幾乎不在演講中使用形容詞是梅克爾的招牌說話方式。儘管如此，當她開口，人們會仔細聆聽，因為你知道，每一個用字都其來有自。小加圖選擇只在確定講出來比較好的情況開口。被人覺得愚笨或簡單，總比自己耍笨好——那證明了你其實講話沒料。後悔沒把話說出口，總比反過來好。

用語不精確，或淪為現在所謂的「語義擴張現象」（semantic creep，即重要字詞被誇大和誤用而失去意義）的犧牲品，不僅表示你思考過程鬆散，也顯示你缺乏優良心性。要言之有物，要講有意義的話。

請記住，言論自由是權利，不是義務。芝諾（Zeno）提醒學生，人有**兩隻耳朵**，**一張嘴**。**要好好尊重那個比例**。

要讓別人希望你講得更多。讓他們去猜測你在想什麼。讓你的話因為你沉默寡言而更具有分量。

聽見問題，你可以回答：「我不知道。」面對侮辱，可以選擇視而不見。你可以拒絕別人的邀約。你可以決定不解釋原因。你可以允許停頓。你可以選擇寫在日記裡。你可以傾聽。你可以忍受沉默。你可以讓行動替你說話。

你可以聽得多、講得少。你可以只在確定講出來比較好的時候開口。

你當然**可以**，但你**願意**這麼做嗎？

克制衝動

邱吉爾當時一定很想發動攻擊。

如他描述過的，他終其一生渴望領導與擔任核心要角，而這股**推動力**，在這一時刻，與他多年來對納粹的威脅所提出的警告，交織在一起。

邱吉爾已經十年沒有掌權了。他一直希望、夢想和擘劃這一刻。

現在這是他的囊中物了。

德國人在一九四〇年初夏侵襲法國，現在法國政府請求英國派出皇家空軍參戰。義大利察覺法國戰敗，剛加入戰爭，同時對他們宣戰，世界大戰開打。法國軍隊的最高統帥馬克西姆・魏剛（Maxime Weygand）在巴黎郊外的會議上向邱吉爾求助。他們時間「所剩無幾了」。他對邱吉爾說：「英國應該把士兵統統派出來，把他們都送到法國。」對一個勇敢無畏、對一個預測到這可怕情況，對一個剛上任首相掌握大權的人來說，這絕對是需要立刻把握的重要機會。

他是否決定貿然投入戰爭？

不，他沒有。

邱吉爾短暫思考，權衡勇氣、自律和對眼前艱鉅長路的不祥預感後，回答：「還沒到決定性的一刻。當希特勒派納粹德國空軍襲擊英國，就是決定性的一刻。如果我們能保有英國這座島嶼的制空權——這是我的唯一要求——那麼我們將幫助你們把一切贏回來……不論這裡情況如何，我們都決心永遠、永遠、永遠奮戰下去。」

他一定非常想要答應。所有壓力都指向要他那樣做——數百萬人的生命懸而未決，以及難以言喻的嚴重破壞。儘管如此，他仍沉著剛毅地斷然拒絕盟國的要求，拒絕給予盟友他們所認定為最後唯一的希望，保留「不列顛戰役」（Battle of Britain）需要使用的戰鬥機。歷史證明，他的做法非常正確。

你能辦到嗎？你能相信自己，獨排眾議嗎？你能面不改色地忍受批評與質疑，堅持認為正確的事情嗎？即使代價很高？

無法做到的領袖……這個嘛，就不算是領袖，而是追隨者了。

每次戰事來到危急時刻，邱吉爾就不得安寧。總是有必須**做什麼**的衝動和壓力——盟軍、英國國民、敵軍都是他的壓力來源。

然而成功（以及多數的贏家策略）仰賴明智的約束心。

一九四二年以及一九四三年，盟軍登陸歐洲的壓力逐漸升高，必須開拓「對抗德國的第二戰線」。這一次，邱吉爾同樣堅持拒絕。某天午夜，邱吉爾帶美國外交官參觀被嚴重炸毀的國會建築，向對方解釋為何反對貿然行動。他說：「當我從國會這一側看向那一側，我看見了本該在這裡的臉龐。與我同一代都離世了，剩下我一個笑柄。他們死在帕森達勒戰役與索姆河戰役。我們無法承受又一代英國人遭受屠殺。」

從政治的角度看，贊同發兵進攻比較容易。軍隊希望如此，人民也希望如此。但邱吉爾無法不去設想英國士兵的屍體漂浮在法國的海灘上，以及他們面部朝下陷在比利時的濕地汙泥裡的畫面。他知道，他們只有一個機會登陸歐洲大陸，而那不是能夠被搞砸的事。他拖延盟軍的強烈請求幾乎整整兩年，原因不是怯戰，而是曉得軍隊需要更多練習與準備的時間。事實上一九四三年九月義大利的登陸即證明了這一點——兩次都是代價高昂的證明，以及無比珍貴的練習，顯示成功攻占法國多麼困難。

一九四四年六月六日，同盟國登陸諾曼第，超過六萬名官兵的英國第二軍團，在這次進攻負責領導整個東側戰線。就是現在。邱吉爾全心關注並發揮無比自律的精神。他不僅僅是等待最佳時機……而是**創造最佳時機**。

想要做事的動力會刺激我們，對錯失的恐懼困擾我們，疑惑不斷折磨我們。其他人都跳進去的時候，我們不禁會問自己：要是錯過了怎麼辦？抗拒這股壓力，需要真正的心智紀律。有時候，我們必須舉起手來，不是發出前進訊號，而是發出等待訊號，耐心等待合適的時機。*

即使每個人都大聲說你瘋了，說你笨，當你知道時候還未到，你仍然等待著市場來到真正的底部（或頂部）。在等待最能發揮才能並適合你的工作之前拒絕升遷，或在談合約的過程堅持下去，換取你所知道自己真正值得的待遇。耐心等待，一直到看見對方的白眼……

抗拒競爭對手放在面前的誘餌，反過來引誘對方掉入陷阱。抗拒在對手自取滅亡時介入的誘惑。把時間投入其他經典、突破傳統或大膽的事物，即使你無法利用這個其他人稱為當前未來的趨勢，也無妨。學習馬刺隊在賽季提早休息，以便在最佳時機發揮最佳狀態。等待、再等待，直到準備就緒……累積出一次真正的勝利。

有一個可以追溯到斯多葛哲學的古老概念，英國詩人約翰・德萊頓（John Dryden）將其精神展現得淋漓盡致，亦即，當心耐心的人發怒。

＊又或者，要等得夠久，將重要計畫思考周全——例如甘迺迪從豬玀灣（Bay of Pigs）入侵失敗學到的教訓。

對行事風馳電掣的邱吉爾來說尤其困難。他是**行動力很強的人**。他被逼到牆角，逃無可逃。即便如此，他仍然發揮冷靜平和的戰略頭腦，耐心地等。他克制採取行動的衝動。一但真的採取行動，一定摧毀目標。

這不是要你欺騙自己將來某天**也許**會行動。不是，你已經決定要行動了。現在你有更困難的障礙要克服，按捺等候。你如此謹慎地行事，現在正是需要忍受挫折以確保做對事情、發揮效果的時候。

你願意嗎？

人生、戰場、商場，我們往往只有那一次時機和一次機會。沒有人會讓你重來。你永遠無法回過頭，用不同的做法再試一遍——你無法彌補準備不足的缺陷，把時機點掌握得更好，或取得更多優勢。

一次的機會。

我們有等待的堅強意志嗎？能否按捺焦慮？**有所作為**？

可以。是的，我們可以。

必須如此。

磨練野心

一七九一年，年輕的拿破崙為了贏得一千兩百法郎，而參加徵文比賽。徵文題目氣勢磅礴、雷霆萬鈞：「想要當個快樂的人所必須了解最重要的真相與情懷為何？」

他花了六個月的時間撰寫文章，雖然沒有贏得獎金，但二十二歲、年輕氣盛的他，用文字對貪得無厭的野心提出了最適切的警告。

這位未來的征服者寫：「亞歷山大大帝從底比斯揮軍波斯、前進印度時如何？他從不休息、失去判斷力，相信自己是上帝。克倫威爾（Cromwell）的結局如何？他統治英格蘭，但他難道不是被復仇三女神的匕首折磨著嗎？」

拿破崙譴責這些毫不節制的做法。彷彿這樣還不夠似的，他甚至發動致命一擊，寫出明確的聲明：

「野心會推翻政府與私有財富，它以鮮血和犯罪為食，野心……如同所有毫無節制的熱情，這股暴力、不假思索的狂熱，唯有生命休止才會停歇——如同被無情的風煽起的大火，待一切吞噬殆盡，才會結束。」

但願有人這樣提醒成年後的拿破崙。當拿破崙任命自己為法國皇帝，將「陛下、尊貴的殿下、閣下」等浮誇封號強加在自己身上，並將無能的親戚們分封至歐洲各地，在那樣動盪不安的時期，但願有人可以提醒他，他自己曾經對無節制的野心帶來的危害，是多麼地反感……*

等一等，真的有人提醒他！

一八〇〇年代初期，他的外交部長塔列朗（Talleyrand）從舊檔案挖出那篇文章，將它當作禮物和警告，呈給拿破崙。但國王與皇帝陛下（拿破崙封給自己的另一個稱號）拒絕接受。他說年輕時候的自己，寫出這種文章，應該受鞭刑處罰。拿破崙將他認定為世上僅存的一份文稿丟入火中，高聲說：「我那樣說真是荒謬，這些話保留下來，會對我造成極大的困擾。」

沒多久，他再次讓歐洲大陸充滿一代人的屍體，並發現自己被流放到大海中的一塊岩石上。等他到了那裡，將再也無法對人類造成危害。

在大部分的歷史時間中，亞歷山大被人們視為警示寓言，用來說明不受拘束的野心多麼危險。沒錯，他的確非常優秀。沒錯，他留下了不起的豐功偉業。但他得到了什麼？空虛、孤獨、不快樂。「去啊！」當部下終於發現，亞歷山大的野心永無饜足之口，他開始奚落他們：「去告訴你們的同胞，你們留亞歷山大獨力征服世界。」只不過，他沒多久就去世，帝國也隨之瓦解。詩人尤維納利斯（Juvenal）說，縱使有一整個世界，也都裝載不下亞歷山大的野心……但到頭來，一只棺材便足矣。

一切究竟所謂何來？以拿破崙的例子來說，他不是為了人民，也不是為了理想，完全是為了自己，去發動侵略戰爭。這是一種病態的野心，其後果基本上，最終是由所有人來承擔。

要戒除壞習慣需要極大的自律心，尤其是貪欲較強的人。而世上所有使人上癮的東西裡頭，就數野心最令人沉醉和最難以掌控。因為野心跟喝酒不一樣，那是社會鼓勵的事物。我們景仰成功人士。我們不問他們真正在做些什麼，或為什麼那樣做，只問如何辦到。我們很容易忽略，成就帶給他們的滿足感很低、他們多半過著悲慘的生活，以及他們讓身邊的人過得多麼悲慘。

塞內卡也曾像拿破崙因野心陷入困境，他在談到殘忍無情的將軍馬呂斯（Marius，

＊拿破崙在這個時期也拋棄了身體紀律並非巧合，所以就連最會阿諛奉承的肖像畫家都無法忽視拿破崙的身形日漸圓潤。

他那個時代的拿破崙）時說：「馬呂斯指揮軍隊，但野心指揮馬呂斯。」他感嘆，擾亂和破壞世界的領袖、商業人士和征服者，自己同時也被擾亂和破壞。馬呂斯、拿破崙、亞歷山大都很有權力……但最終也失去權力。因為他們不懂得收手，因為永遠沒有足夠的一天。他們缺乏自我控制的能力，貪心地想掌控數百萬人。

正如面對某些藥物或器具，我們必須自問，主控權在誰手上？是我們的心智嗎？我們是否不由自主想要強過別人、贏過別人、當最有錢的人、當最有權力的人、當最出名的人？是出於想要做得更多、獲得更多、屢次成功的需求嗎？我們得問一問，這究竟帶給我什麼？我究竟從中得到了什麼？

拿破崙的成就讓他活得快樂嗎？權力與財富甚至沒有帶給他安全感！除了顯然應得的愧疚與羞恥，他甚至被二度流放到島嶼，孤獨地死在海中央！

話雖如此，那並不代表我們要視一切成就為無物。要是沒有人做任何嘗試，世界將會變得如何？要是沒有人努力追求更好或做得更多，將會如何？要是我們沒有野心——去追求某些偉大的目標——我們如何知道該拒絕哪些微不足道或叫人分心的事？

野心是好的，只不過野心必須受**磨練**。它和自律精神的其他要素一樣，必須取得平衡。想要完全擺脫需求的僧人或牧師，為了追求精神的完美，而將一切人事物拒於門外，與不停追求財富的億萬富翁，或不知退休的四分衛，其實沒有兩樣。與此同時，毫無夢想、毫無信仰、完全不去嘗試的人呢？這個嘛，那樣做同樣沒有把握到自律精神真正的重點。

這裡強調的是人的心性。如莎士比亞所警告，我們要有足以在無止境的野心「超越自身」之前喊停的自我意識與價值感。

少了防止沖昏頭的煞車機制，野心會奪走我們的幸福感，還非常有可能摧毀我們……以及傷害他人，如同貪得無厭的征服者必定會造成的問題，包括因為他們發起戰爭而無辜受害的人、在他們往上爬的路上被利用和拋棄的人、過程中被他們忽視的親人，以及想要學習他們的無數模仿者。

我們不需要成就，也能感受快樂，也能覺得自己夠好。我們需要的是什麼？

真相是：我們需要的不多！

一些食物和飲水、挑戰自我的工作、能在逆境保持冷靜的心、睡眠、按部就班的生活、專心追求的理想、一件愈做愈進步的事。

其他皆屬多餘，甚至如歷史一再向我們演示，成為痛苦垮台的根源。

金錢是（危險的）工具

貝比．魯斯當運動員賺進口袋的金錢，超過了一個人一生所能妥善花用的額度。儘管如此，他還是很會花錢。

貝比．魯斯新人時期的薪水為六百美元（當時一條麵包五分錢），分成每個月兩次領取，一次領取五十美元。魯斯領到第一份薪水後，買了一輛腳踏車。成為高收入人士以後，他開始購買跑車、訂製西服、皮衣、絲綢襯衫、馬蹄形鑽石領帶別針，並經常出入賭場和賽馬場。他被傳出婚姻出問題的時候，購買了一件要價五千美元的貂皮大衣，送給第一任妻子。一九二八年，洋基隊奪冠，魯斯在飯店租下四間房間辦派對。當他得知飯店沒有鋼琴，便去買了一架。他靠打棒球賺的薪水，比美國總統的薪水還多，但他春訓開始時，總是會先跟隊友借錢，等拿到參加比賽的薪水支票，再還錢給隊友。一名經理說：「他對金錢沒有概念。他似乎不覺得錢會有花光的一天，想買什麼，就買什麼。」

魯斯在洋基隊更衣室告訴年輕的蓋瑞格：「你要存錢……小鳥必須要想到不能再

打球的時候。」其他球員聽見魯斯的話，一陣哄堂大笑。據估計，當時魯斯已將數十萬美元的職業球員薪水，砸在奢侈的生活上。

他在這個過程享受樂趣，很可能比節儉的老加圖過更有趣的生活。但跟貪吃行徑一樣，他也對此心生後悔（他的繼承人對此同樣惋惜）。

許多「有錢人」發現自己落入這相同的處境。成就應該要帶來安全感、自由與滿足感。但實際上，成就帶給他們的其實是焦慮、羨慕與不安定。

邱吉爾曾經對他的兄弟坦承：「生活中唯一使我擔心的東西只有金錢。」邱吉爾不像多數英國上流社會人士，他是真的在為過生活賺錢——他成為世界上收入數一數二的作家。但那沒什麼用，因為如邱吉爾的媽媽所形容的，他「花錢如流水」。

他賺得快，花得更快，接著他會想，錢都花到哪裡。他所鍾愛位於英格蘭鄉下的查特維爾莊園（Chartwell）是衝動之下輕率購入的房地產，那差一點毀了他的婚姻。一九二九年，邱吉爾在投機市場損失五萬美元。即使負擔不起這筆損失，他仍舊沒有從中學習到教訓，馬上又投入資金，買進蒙哥馬利．沃德公司（Montgomery Ward）的股票，光是一個月，就在這支股票損失了三萬塊。不僅如此，他還在歐洲各地的賭場裡參與真正的賭博。

邱吉爾彷彿唯恐那個年代還不夠可怕，他甚至曾經談到，感覺自己墜入萬丈深淵……因為他的財務狀況就是如此悽慘。他曾經把自己畫成一隻負擔過重的小豬，背上馱著兩萬磅重的物品。即便是倫敦大轟炸時期，他仍然在與經紀人爭論版稅和思考如何免稅。

為什麼？**究竟為什麼**？那是一種不自律的行為。他想用父母親辦不到的方式款待自己，藉由購物重拾他錯失的愛和樂趣。他想要證明自己，想要跟上當代最優秀、最聰明、最有錢的人。幸虧邱吉爾是個精力充沛的人，可是他有多少精力被浪費掉？浪費在什麼東西上？就算他僥倖度過了金錢這一關，他的兒子就沒那麼幸運了。他學到了邱吉爾的壞習慣，而沒有遺傳邱吉爾的天分。要是他的父親能懂得**收手**，該有多好。

不論你賺進多少錢，當你做出的選擇會令你擔心起錢來，那就不是真正的富足。

大西洋另一頭的作家史考特．費茲傑羅（F. Scott Fitzgerald）也深受相同的困擾所折磨。他迷戀財富、迷戀富有魅力的事物。他動力十足、才華洋溢，但也超級不成熟，因而處在一段讓兩人都展現出最糟糕一面的婚姻中。他看著巨額債務感嘆：「我以前總是為自己而寫。」而這時他寫作是為了不讓債主找上門，為了將自己、編輯、朋友從洞裡挖出來。這摧毀了他的信心……偷走了他對寫作的熱愛。儘管一生賺進相當於現今**數百萬美元**的金錢，他過世的時候，基本上是處於破產狀態，孤獨地在旅館的房間死去。他失去了財富，同時損失許多年足以寫出傑出作品的光陰。

桃樂絲・派克（Dorothy Parker）低頭看棺材裡頭四十四歲的費茲傑羅，說：「這可憐的渾球。」她印象最深刻的是他那受盡風霜、布滿皺紋的雙手。那雙手靜靜顯露出所有過度和放縱行為對他造成的損害——就連技術最好的遺體防腐師都掩飾不了。

如果有錢，你可以儘管花……問題出在，人們用**不值得**的價格和**不屬於**自己的錢，去購買他們並**不需要**的東西。

幸好，邱吉爾還有足夠的自我控制力——又或者那是一份好運——讓他沒有澈底失控。他並沒有墜落到那個萬丈深淵，但確實接近了。要是他真的……自由世界的命運將會大不相同。

你怎麼會以為自己能承擔那樣的風險？以為才華永遠取之不盡？以為你可以蠟燭兩頭燒？以為你不會因為想要更多，被這種無止境的需求敗壞？

我們有必要在這裡花點時間說明，不是只有入不敷出才是魯莽的金錢管理方式。老加圖的自我約束雖然是美德，卻也容易演變成過度行為，連老加圖本人也不例外。錙銖必較、省小錢花大錢，將人生與精力耗費在為了不重要的小事，去節省那一丁點金錢，同樣不負責任。

花錢的紀律是相對觀念。網路上有一大堆相當有錢的人在分享如何重複使用垃圾袋，或用多張折價券，去購買根本不該省錢的東西。*他們不是在小事下功夫，而是**雞蛋裡挑骨頭**。省錢固然重要，但我們必須確定它不會消耗掉最寶貴的資源——**時間**。也很可能因此犧牲掉與身邊美好的人們（配偶、孩子、朋友等）的關係——他們對自己也許不是那麼嚴格。

數百年來，位在金錢的兩個極端光譜的人，基本上都誤解了金錢的價值與目的。費茲傑羅認為有錢人很特別，認為他們跟其他人不同。海明威則寫出這樣的句子，來回應他：「是的，他們是比較有錢一些。」

金錢沒有好壞之分，它是一種工具。舉例來說，當邱吉爾被流放到政治版圖的荒野，是寫作在支持他的生活開銷。假如金錢能帶給你自由或優勢，那是好事一樁；假如金錢使你上癮或失去秩序，甚至導致你不務正業，可就不太妙了。金錢和所有力量強大的工具一樣具有危險性，必須安全審慎地運用（不適合意志力薄弱的人）。

金錢買不到幸福……它只能夠帶你跳脫某些挫折。如果你依賴金錢帶來不需要的東西……或帶來超過任何有理智的人的實際需求，那麼金錢也無法帶給你自由。

問題在於，許多人告訴自己，只要我們賺得夠多、夠成功，總有一天會解決當下的困境，再也不必煩惱。到時候就再也不必量力而為，不必謹慎花錢。我們將不必再去擔心一般人的平常煩惱。任何時候，想要做什麼，就做什麼，做到開心為止。因為我們將會「很好」，將會「達成目標」。

問題是，**它永遠不會實現**。

「存能夠帥氣甩頭走人的錢」只是痴心妄想，你永遠存不到，沒有人存得到。窮人有窮人的問題，富人有富人的問題，因為人總是會遇到問題。你將總是必須發揮自律精神，或至少，始終必須承受不自律的後果。

再說「能夠帥氣甩頭走人的錢」真的是值得推崇的目標嗎？真的要擁有那麼多錢，好讓你不必在乎任何人事物嗎？那不是一種美德，而是幼稚。其實有點錢，讓你能夠心安理得，有禮貌地對別人說「不了，謝謝，我不想那樣」就夠了。當你能夠永遠不必為了一塊錢，去違背自己的價值觀，那樣就夠了。當你能夠繼續做著對自己重

*我們必須有所警覺，知道這種行為很容易演變成貪婪，只要看見錢就覺得是**自己的**。節儉和慷慨似乎很少同時並存。

要的事情，那樣就夠了。

不管擁有多少錢都無法令你真正自由，但是減少依賴心，不那麼在乎金錢呢？你將立刻獲得自由。

斯多葛哲學家魯弗斯曾經說過一句很妙的話。當時，有個實在令人倒胃口的貪心鬼，魯弗斯拿一大筆錢打發那個人。有一名追隨者不贊同魯弗斯的做法，指出那個人擁有許多缺點。魯弗斯只是微笑說：「他就只配得到錢。」

但金錢其實有利有弊。

許多人收入豐厚……金錢不一定使他們過得更糟。盧．蓋瑞格和貝比．魯斯都位在收入的金字塔頂端。伊莉莎白女王和英王喬治四世繼承了相同的無價之寶與財富。要往哪個方向走，由我們自己決定。你想要過得更好，還是更糟？想要享受，還是負擔？

我們自己決定是否**配得上**擁有的一切。

每天進步

蘇格拉底知道的不多，不是對太多事情抱有把握。

但他確定「我們無法維持現狀」。

不管你是誰，不管你做了什麼。

沒有誰是夠好的人，也沒有完美的人。

每個人都可以更進步。

這是一句會自我應驗的預言，它比任何預言都重要，也更危險。

假如你認為自己還有進步空間，那麼你就擁有進步的空間，也會有進步的空間。

假如你認為自己夠好了……那麼你就說對了，你不會變得更好。

據說史上最偉大（最年輕以及最年長的超級盃得主）的四分衛湯姆．布雷迪（Tom Brady）並不迷戀贏球。他不把焦點放在贏球，他所迷戀的是，更精準地在比賽第四節傳球達陣。他所迷戀的是，橄欖球投擲速度再快一點。即使維持「現狀」已是聯盟的頂尖表現，他卻不願意駐足於此。進步的過程使他上癮，那是他想要征服的巨龍，以及他能夠對抗歲月與一切外在期望的原因。

日本人管這叫「kaizen」（改善），意思是持續改進，不斷尋找可以努力的地方，再進步一點點。永遠不要自滿，要尋求成長。

革新？轉型？外行人才追求那些。真正的專家追求**進展**。

若說不缺席和每天專心投入某件事是我們的第一步，那麼接下來我們所要做的就是——找出能夠努力每天**進步**的地方。如此一來，當累積的進步與複利報酬兩相結合，我們將能夠駕馭地球上最為強大的力量。

請想一想，大部分的人甚至無法做到不缺席。就算做到，大部分的人也不會挑戰自己的極限。由此可知，當你做到不缺席，**又能**自律地每天追求進步，你就是少數人當中的少數。

如果你覺得追求進步聽起來很困難，那麼改成少做錯一點呢？

蓋瑞格的球隊經理就是這樣形容他的。蓋瑞格的生涯表現何以如此驚人，祕訣在於，除了專心致志，同樣的錯誤蓋瑞格從來不犯第二次。這位球員剛入行時，每一局至少會有一球失誤，而他後來進步到每一場比賽一次失誤，接著再進步到每一個星期、每一個月僅僅一次……

人都會犯錯……但是只要每天少犯一點錯，就能朝最高境界更靠近一些。

我們不只要達到標準，更要持續提高標準，如同重量訓練，在每一次訓練穩定增加負重量。不滿足於自己的表現，不停下腳步，才不會停滯，敦促我們繼續前進。

可是這樣似乎就永遠無法「達成」目標，而且標準將會高到超出我們的能力範圍，聽起來是不是有些令人氣餒？絕對不是！不斷重設目標，遊戲才不會變得無聊，而且更重要的是，這樣比賽永遠不會結束。我們也將因此生活得更加快樂、更加滿足。我們將攀登上原先無法預見的高峰。

你希望自己逐漸腐爛，還是逐漸成熟？你是愈來愈進步嗎？因為如果不是……那麼你很可能是在退步。

不論你是職業運動員，還是居家打掃服務員，任何一個人都能夠把自己的工作做得更好。你可以成為更好的人、更好的國民、更好的兒女。你可以提升思想層次、讓自己更專注，或抱持更好的念頭。

愛比克泰德進一步闡述蘇格拉底的思想，說：「正如有人喜歡改良農場，有人喜歡把馬匹養得更好，而我喜歡每天關心自己的進步。」說這句話時，他被流放在外，努力擺脫奴隸身分。他在古代已經是極有智慧的人物，但他仍舊會在每一天，全心全意地在各個方面努力提升。

我們可以想像，對處在人生低谷的愛比克泰德來說，這項紀律幫助極大，因為那給了他一個可以專注的目標——只有他能夠掌控，而主人、社會或身分地位都不能夠掌控的事。不過，這項紀律在人生的高峰依然能夠發揮助益，它能夠讓人不會過於驕傲自滿。

重要的不是計分板上的數據、銀行帳戶的餘額、銷售數字或新聞標題。**你自己知道**。你知道自己在進步還是退步，知道自己是否每一天都有進展。如果是，那就太好了。如果你知道還有進步空間呢？那也很棒。不論哪一種，你的任務都一樣。

不論結果是功成名就，還是失敗不幸，著眼於進步，讓我們能夠驕傲地注視鏡中的自己，忽視周遭的一切騷動。

這是一輩子的旅程。事實上，這是我們看待一切的準則，假如我們每一天都更進步一點，我們這一輩子將能夠進步多少？假如每一小點進步都代表機會和往前更進一小步的責任義務，而你總是把握住機會並履行義務，這趟旅程將如何發展，它將帶你前往何處？

你會選擇踏上這趟旅程嗎？即使已經達到比預想更高的境界，你仍然會持續繼續努力嗎？還是就此停下腳步？

你會繼續練習嗎？還是認為這樣**已經夠好了**？認為**自己**夠好了？

你會維持原狀嗎？還是充分發揮能力、達到最佳狀態？

因為一旦停下追求進步的腳步，你就只能朝一個方向走去……

在瑪格麗特．尤瑟娜（Marguerite Yourcenar）撰寫的出色的小說《哈德良回憶錄》（*Memoirs of Hadrian*）裡，哈德良皇帝說：「全力以赴，並且再做一遍。即使能夠修正的已經不多，你仍要繼續進步。」

這真是美妙的諷刺，你永遠不會對自己的進步滿意，但你始終感覺滿意……因為你在進步。

分攤工作

一九五六年，哈利．貝拉方提（Harry Belafonte）撥了通電話給科麗塔．史考特．金恩（Coretta Scott King）。科麗塔的丈夫金恩再度入獄了，貝拉方提致電關心科麗塔，並詢問運動是否需要支援。但是講電話的時候，科麗塔不是要照顧其中一個孩子、把晚餐從烤箱拿出來，就是要去應門，導致他們一直無法在電話上好好交談。

貝拉方提發現，科麗塔必須獨力打點一切，便有禮貌地詢問，金恩家怎麼不請人幫忙做家事。科麗塔說，馬丁不會答應的。以牧師的薪水來說，這樣的奢侈是一筆沉重的開銷，他們擔心會被批評。數百萬名黑人還處在水深火熱之中，金恩家如此放縱自己，觀感不佳。

貝拉方提回答：「這也太荒謬了。他參與運動並做了很多事，還要擔心找人幫忙你做家事，別人會怎麼想？」他告訴科麗塔，你們的生活將立刻有所轉變。由他來支付薪水，這樣馬丁就無法多說什麼。

他這麼做，不只是對工作量過大的家庭伸援手，也是一種謀略。貝拉方提不只是支付款項，替馬丁與科麗塔找到幫手，也替他們爭取到更多時間。他們得到了心靈上的平靜，得到保障。他知道，只要有幫手，他們將保留更多精力，更能專注於他們的理想。他們將會更有力量、做起事來更有成效。他不想看見，馬丁．路德．金恩為了和平、正義走上街頭，還要擔心家裡的冰箱還有沒有牛奶。

不事必躬親，也是需要紀律的。尤其是，當你大部分的事情都能夠做好的時候；尤其是，當你做事標準很高的時候。即使喜歡自己動手，不管是替自家草坪除草、撰寫演講稿、排行程，還是接聽電話，你都並不需要事必躬親。

蒲魯塔克（Plutarch）提醒我們，雖然領袖一定知道事情該怎麼做，但是他們想當然不可能**樣樣親力親為**，身體或心智上都不可能。

最理想的工作量管理就是**分攤**工作。

當一個人在微不足道的小事上，把自己搞得筋疲力盡，重要機會出現時，已經沒力氣爭取了，不是很可悲嗎？當一個人把每件事都攬在自己身上，把自己搞得身心俱疲，等到事情出錯，已經沒有吸收更多壓力的餘裕和緩衝空間，這樣的人（和他們身邊的人）不是很可憐嗎？

不是只有過度飲食才叫貪心，有些人的貪心表現在：懲罰、關注、控制、工作。

此時不要說管理，有狀況也不容易被發現。為什麼？因為問題往往出在好的地方，就像馬丁．路德．金恩的事。我們覺得自己肩負責任，覺得花錢不對，對尋求幫助感覺愧疚。不論你的立意多麼純良，其結果都是一樣的。我們把自己累壞、傷害自己、傷害理想、忽略重要的事，乃至於奪走世界進步的機會——奪走經濟學家說「比較利益法則」能夠帶來的好處。

你要能夠懂得把球傳出去……尤其是，接球者無人防守、投籃機會更好的時候。你要能夠懂得與隊友分攤上場時數——如同當年馬刺隊先發球員們樂於互相幫助——那才是**球隊精神**。

缺乏安全感的人做不到，因為他們害怕批評，他們害怕被看透。專制君主做不到，自我主義強烈的人做不到，吝嗇的人也做不到，因為他們想獨吞，因為他們不夠堅強，無法接受自己不是核心、不是唯一，不能獨享成功。

專制政權大多如何收場？失敗垮台。

凡事親力親為實在沒道理。你得把某一些事情交給別人去做，你得找出擅長做事的人，並授權他們，讓他們來協助你。你得有顆堅強的心，願意把鑰匙交出去，把控制權交出去，打造一套比單打獨鬥更強大的系統（或組織）。如果你想專注在重要的事情上，你也許需要雇用能夠發揮緩衝作用的人——某一個能夠替你「說不」的人。

一個人的意志力不夠，不能總是一個人咬牙硬撐，要學習分攤。也就是說，如果你想要**擴大規模**，想要完成大計畫或做大事（超出能力範圍的事）就要學習分攤。

沒錯，這的確是一種特權。不是每一個人都負擔得起全職員工的薪水，也不是每一個人都有願意付帳的金主。但是，每一個人都一定曉得，自己的一個小時具有多少價值。我們要自律地判斷如何善用時間，以及如何投資時間孕育的果實。

再怎麼成功、重要的人，都有可以自動化的工作，都有應該重新分配的舊工作。生活中每一件事都是團隊運動。

你明知缺乏效率，卻不交給別人，還在一一攬下別人該做的事。

別再拖下去了，交給別人去做！

雖然交給別人需要花上一筆錢，但是堅持不交給別人做，既無知又傲慢。而且話說回來，交給別人的好處其實難以估算，因為你將獲得世界上最寶貴的東西：**時間**。

貝拉方提強迫馬丁．路德．金恩把事情交給別人去做，他給了金恩（以及社會）更多他所可以從事重要工作的時間。我們每一個人的面前都好像擺放著一個滴答作響的時鐘。金恩的人生很不幸地比別人更短暫，所以當他和科麗塔不必做家務事，那每一分鐘都花在更值得的地方。

至於他們一起度過的時光呢？把事情交派給他人，不只給我們時間，也為我們騰出空間——也就是自由。我們可以簡單討論一下、去思考、去交流、去欣賞。後來有一名記者詢問金恩，如果有一整個星期可以休息，不受打擾，他會做什麼事。金恩認為這是一個不公正的世界，此時的他必須投入人權運動，所以他對完全沒有這種可能性，笑了笑。接著，他說明想要怎麼做：

「要是我能奢侈地擁有一整個星期，我會運用那些時間來冥想和閱讀，替心靈和腦袋充電……當我努力抗爭，當我遭遇挫折，當我做著永無止境的工作，我經常反思，自己總是在**付出**——從未停下腳步接收。我覺得亟需逃離、抽身、添加燃料，一個小時也好。我需要更多時間，去仔細思考我在做的事，從這場運動抽離一下，反思運動的**意義**。」

如果你有像這樣的一個星期，你會如何運用？如果有一小時？如果有人可以幫點忙，替你多爭取一點時間和空間呢？那可不是隨便的時間，而是可以用來反思和思考的時間；那也不是隨便的空間，而是用來學習和規劃的空間。

每天花一點時間和騰出一點空間，給自己靜心思索的機會，想一想哪些事情對我們很重要，並好好檢視你過得好不好。

你值得擁有那樣的寬裕。但是只有一種辦法，能夠幫助你辦到。

那就是把事情分給其他人做、尋求幫助和改變做法。

尊重時間

菲爾．傑克森（Phil Jackson）還很年輕的菜鳥時期，剛加入紐約尼克隊，多數時間都在坐板凳。有一天晚上，球賽快打完的時候，傑克森和另一名替補球員正在聊天，教練「紅頭」霍爾茲曼（Red Holzman）冷不防地問他：「傑克森，還剩下多少時間？」他回答：「一分鐘又二十八秒。」紅頭說，不對，是投籃計時器上，還剩多少時間？傑克森當然不曉得。教練嫌惡地說：「給我弄清楚來，你有可能要上場打球，連時間都弄不清楚，你會拖累球隊。不要再讓我抓到一次。」

每個人每一天都有二十四小時，籃球隊也是，在球場上，每一次進攻時間二十四秒。不曉得還有多少時間？不尊重時間？不知道要善用及管理時間？那不只是散漫，已經是愚蠢的地步。

你一直在參加人生的競賽，必須確實掌握時間，因為你永遠不知道何時會把時間用光。所有才有一句警語，說：「記住，人終有一死。」（memento mori）每個人的時間和生命都會用盡……沒有人可以視時間和生命為理所當然。

培養自律精神必須面面俱到，愈微小的事物，愈要自律。時間就是很微小的東西，但是透過不同的運用方式，一點一滴積累，時間，其實非常可觀。

有些人說時間是一種人造的概念。若真是如此，那或許是人類最偉大的發明了。因為「時間觀念」所衡量的是，唯一完全不可再生的資源。沒有人能製造出更多時間，時間一旦失去，便無法復原。時間同時也是無比強大的力量，任何見識過少許利息長期滾成大錢的人都可以證明。

瞧，浪費時間等於浪費人生，殺時間等於自殺。除非學會善用時間，否則我們將被時間消耗……殆盡。

所以我們才要積極做事、講重點。所以我們才要規劃行程並且履行。所以才不要嘮叨廢話，不要容許講話離題，或沉浸在導致分心的事物。所以我們才要維持書桌的整潔——這樣你才不會浪費時間找東西。所以我們才要早起——這樣你才能夠在新的一天開啟時，就擁有**更多**不受打擾的時間。所以我們才要刻意有所為、有所不為（因為你知道時間是一份禮物），並且確定時間用在重要的事情上。

詩人奧登（W. H. Auden）從更實際的角度切入，指出：「現代斯多葛哲學家知道妥善管理激情，最有效的方式就是妥善管理時間，判斷一天要做或應該做的事，並日復一日定量完成，那樣熱情就不會變成麻煩。」就算不一板一眼照著做，也能理解這段話的深層意涵：**規律**是最重要的時間管理工具，也是抑制分心、拖延、懶散等負面能量的最重要工具。

睡到**想起床了**，才起床隨便做著**想做的事**，把日子過得**亂無章法**的人，是個什麼樣的人？那樣的人永遠不會擁有足夠的時間，他們將永遠進度落後。而遵守紀律，在該起床的時間起床（如童妮・摩里森）、從困難任務著手（如威廉・斯塔福德）、對不重要的事情說不（如布克・華盛頓）的人呢？他們是懂得充分運用時間的人。

請花點時間思考，你如何運用過去這一年、這一個月、這一個星期、這一天。請想一想，有多少時間被浪費掉、有多少時間草草了事、有多少時間用於回應不在你掌控範圍的事。就算你這一回繳出了還算不錯的成績，但是你原本其實可以做得更好。我們都可以更好。

那些被輕易放掉的時間、那些隨便做一做導致必須重來的事、那些不該答應卻答應的事，原本都可以做得更好……只是我們沒有把握。那些時間，失去就失去了，**永遠無法挽回**，這是人無法閃躲的真理。

你錯失變得更好的機會，錯失進步的機會。你沒有善用耐心爭取優勢。你沒有尊重其他人（那些因為你而必須等待的人）。你沒有尊重自己的理想（那些你應該去做，卻未現身去做的事）。

但即使身處如此不幸的狀態，你仍有一線希望。那就是，人生給你第二次機會。至少現在，你還擁有第二次機會。因為你擁有今天，擁有這一刻。你要如何運用？如何打造當下和今天？這一刻將累積成什麼？

但要曉得，珍惜時間不等於匆忙趕路。有一次，伊莉莎白女王的母親在公開場合被聲稱快要沒時間的隨從催促。此時王太后停下腳步，與花時間等待見她的人們逐一握手，說：「我不聽命於時間，我號令時間。」

雖然我們在這個地球上能夠存在多久，**由時間說了算**，但是我們**確實能夠**自行決定如何支配時間。前提是，我們必須要有時間觀念，了解時間的價值以及時間管理的重要性。前提是，雖然以生命的角度來看，時間的流逝對我們相當不利，但我們要讓時間為我們所用。

現在就是最好的時間，因為我們也只擁有**現在**。

設立界限

喬治・華盛頓出了名的拘謹，不輕易顯露個人的情緒與感受。梅克爾則是不曾讓最親近的助理踏進家裡一步。

伊莉莎白女王一輩子活在鎂光燈下、見那麼多人、出席過那麼多場合、演講過那麼多次、會見過那麼多世界領袖，卻幾乎沒有人回答得出那個耐人尋味的有趣問題：「女王是個什麼樣的人？」

想像一下，七十年來……她從未公開接受記者採訪！有一次伊朗國王問，在她統治期間，工黨還是保守黨的首相多，結果女王不曉得，因為那不是她該管的事，插手並不恰當。

伊莉莎白不僅遵守女王這項職業的各種規定，她的自我約束甚至表現在，她不光是不干預政治那麼簡單。孫子輩證實，女王幾乎不曾直接給建議，而且**從來不會**告訴他們該怎麼做。相反的，她會適切提問，甚至只是不加批判地聆聽，讓對方自己想通。

把這些做法濃縮成一個詞彙，叫做什麼？

界限。

可惜，今時今日這樣的自律精神已不多見。

在這個社群媒體當道，人們追求即時滿足和無恥當光榮的世界，我們並不是很看重那些建立和維護界限的人。你知道，就是管好自己的事情就好。要設立參與的原則，維持私生活的私密性，不要讓別人把你拖進他們的泥淖，不要蹚別人的渾水（或把渾水潑到別人身上），要勇敢表達好惡，並且尊重他人的空間與偏好。

看似簡單，卻沒什麼人真正理解。

請看我們有多少詞彙形容這樣的人：過度分享、一團亂、逆來順受、小題大作、好管閒事、耳根子軟、亂攪和、愛嚼舌根。

我們生活在粗俗、愚蠢、幼稚、自私的年代。在這個時代，人們認為自由是放送自己的愚笨、隨便、放縱。看看我們吹捧的英雄：電視實境秀明星、網紅、職業摔角手、YouTube 網紅、煽動者。

這些人並不是英雄，而是警世寓言。我們應該欽佩的是安靜、莊重、拘謹、嚴謹、認真、專業、懂得尊重自己與他人的人。

蒲魯塔克提醒領導者，要是經常被臣民看見圍在火堆旁邊嚼豆子，不太可能得到臣民的衷心崇拜。他講的是伊莉莎白女王、梅克爾和喬治・華盛頓的淡漠與拘謹態度。小加圖則是積極捍衛「祖先的做法」（mos maiorum）。你知道，就是祖父母輩不言而喻的生活法則——那些介於風俗習慣與道德觀念之間的規矩，告訴我們應當如何行事、對待他人、自處，以及當你收到超速罰單，或站在法律或規範邊緣的時候，該怎麼做。

但不只如此。

界限是要替自己畫出界線來——關於是否分享、是否接受、如何對待他人、期待他人如何對待自己、是否屬於自己的責任健康邊界。或如傑斯（Jay-Z）在解釋他如何調適功成名就的生活時所說：「關鍵在知道自己是誰，只做自己自在的事，不讓別人把你拉向千百個不同的方向。因為一旦允許……別人會叫你做各式各樣的事，但那得要是**你**覺得有意義的事。」

如果你無法開口說不，或在別人給你太多事情時無法表示拒絕，你將永遠無法專注在重要的事情上。如果你對自己認識不清或不了解自己的立場，面對壓力你將無法保持鎮定。如果你把生活過得一團亂，或到現在還被父母牽著鼻子走，你不會是個堅強的父母親。當社群媒體的誘惑主宰著你的生活，你如何能有所成就？當你過度在意別人對你的看法，你要如何在失敗後重新振作？當你總是鉅細靡遺地插手所有人的事情，你就不可能把自己的工作做到最好。

有一個詞叫做「能量吸血鬼」（energy vampires），用來形容那些缺乏界限，而內心匱乏、心態自私、失常、小題大作，以至於把別人的精力吸乾的人。你不僅不能當能量吸血鬼，還要注意這個世界上確實存在這樣的人。你必須堅強起來，與他們保持距離——不管他們多麼美麗、不管他們多有才華、不管他們是你的親人還是青梅竹馬、不管他們無助的電話多麼令你同情。

我們說，沒有邊界的國家，不是真正的國家。這個道理也適用於一般人。少了界限，人會被壓垮。我們會被拉扯，變得非常稀薄，乃至於個人特色逐漸消失，直到再也無法將自己與能量吸血鬼區分開來。

所以我們才要整理書桌，所以要忽視不相干的挑釁，所以不要把想法統統說出口，所以要學會好好打理自己的財務和有效率地管理時間，所以要每天準時上床睡覺、每天早起。

這是一套一體適用的做事方法，可以同時整頓好生活、情緒和我們關切的事——是我們在掌控這些事物，不是被它們控制。

要知道，做大事的人多半默默無聞，因為他們喜歡低調行事。快樂的人多半不需要讓你知道他們很快樂，因為他們根本不會想到你。**每個人**都有遭遇困難的時候，但有些人選擇不把垃圾倒給別人。能夠獨立自足的人最強大，他們懂得自我節制，他們知道自己的事情就該……自己處理。

是不是真的有一些人，雖然做出與其〔某某〕身分不相稱的事，卻依然能夠僥倖不付出代價？是的。他們甚至有可能覺得開心或因此致富。那又如何？我們有自己的界限，知道那是他們要擔心的問題。我們知道，到頭來，他們其實是在懲罰自己。

如威廉．佩恩（William Penn）的名言所說，那些有鮮明界限的人「更能好好掌控自己，因此他們在承擔共同責任之餘，往往能夠成為其他人的管理者」。

請設立自己的界限，以和氣卻不失堅持的態度落實界限。你如何期望他人尊重你的界限，就如何對待他人的界限。

請在充滿情緒化的幼稚傢伙的世界裡當個大人。

全力以赴

前途似錦的年輕軍官吉米．卡特（Jimmy Carter）申請加入海軍核子潛艇計畫。他在海軍上將海曼．李高佛（Hyman Rickover）面前坐了超過兩個小時。李高佛在一九五五年憑藉驚人意志力，創立了世界上第一支核子動力海軍，並在接下來三十年間，專心一意地管理這支軍隊，包括親自面試可能接觸到他的珍貴潛水艇的每一個人。

他們坐在那裡，從海軍戰術、電子學到物理學，談論了各式各樣的議題。卡特為了這次面試準備了好幾個星期，並努力回答李高佛提出的每一個問題。李高佛始終沒有露出笑容，問題也愈來愈艱澀。最後，李高佛對他拋出看似好接的慢速球：「你在海軍學院的班級排名如何？」

卡特滿懷驕傲，自豪地說：「報告長官，我在八百二十名學生裡排名第五十九。」但是那時的李高佛，已經見過好幾個世代最優秀的軍中人才，並不覺得名列前茅有何特別。他問這名年輕人：「可是你盡力了嗎？」

卡特跟我們所有人被問到這個問題時一樣很想直接回答，**當然有**，但是在他回答之前，心中有一股聲音阻止了他。那些他覺得很疲倦的時候呢？那些他有自信成績可以過關的課堂呢？那些沒有提出的問題，或分心的時候呢？那些他覺得教授很無聊，就沒有專心聽講的課呢？關於武器系統、歷史、科學、三角學這些本來可以再多讀一點的課外讀物呢？那些敷衍了事的晨間體能訓練呢？

他發現自己向李高佛坦承：「報告長官，沒有。我沒有**總是**全力以赴。」

李高佛聽見這個答案，起身準備離開。在那之前，他問了最後一個問題：

「為什麼沒有？」

你為什麼沒有全力以赴？日後，這個問題將以各種形式出現在這名年輕人的人生，帶來挑戰與啟發。

例如：

你為什麼有所保留？

你為什麼做事半吊子？

你為什麼這麼害怕嘗試？

你為什麼不覺得這很重要？

如果你真的全心投入，能夠達到什麼樣的成就？

如果不打算全力以赴，**為什麼還要去做**？

聽了這段對話，你或許會認為，李高佛是不講情面的嚴厲師長，不會接受對方提出失敗的理由。這樣想有一部分是對的。他要求自己與屬下必須達到嚴格標準，不僅將美國打造成為世界的強權，更鞭策卡特在最後當上了美國總統。

卡特在他那一屆總統任期內，開創了諸多成就，包括：沒有對外戰爭、促成以色列與埃及簽訂和平協議、協商通過《巴拿馬運河條約》、與中華人民共和國實現外交正常化。但與此同時，卡特也面臨不少挑戰。其中一項是能源政策。眼光長遠的卡特在一九七七年的全國演講中，表示能源以及氣候變遷是「戰爭的道德對等物」。雖然知道他的提議將不會廣受美國大眾歡迎，但是他說：「我無法想像我們將要面臨的血腥立法之戰。」他一整個任期都在與國會就此問題對抗，並且因為在白宮安裝太陽能板而遭受嘲笑。儘管卡特付出努力、誠心誠意處理問題，仍未達成他的預期目標。

但是李高佛這位不講情面的嚴厲師長仍滿臉自豪。

他對卡特在能源議題的付出表示：「社會大眾終究必定會理解，大家會認為他深謀遠慮，知道他曾經嘗試保護美國人民。主耶穌基督傳遞訊息後，過了大約四百年，訊息才廣為世人接受。在那之前，祂被認為是**失敗者**。不論結果如何，只要一個人能夠盡力去做認為正確的事，他就成功了。」

這就是盡力而為的美好之處，讓你稍微與**結果**以及**自我**保持距離。你並不是不在意結果，而像是拿到一張王牌——你了解你的能力不只如此，所以不會被成功沖昏頭；你也明白，**你**已無法做更多，所以也不會被失敗摧毀。

你隨時能夠控制自己是否盡全力，沒有誰能阻止你。

你不必一定要當全班第一名，或不管什麼每一次都要贏，事實上，沒有贏也沒什麼要緊。

重要的是你是否全力以赴，因為只要有所保留，都是愧對了你的天賦。

那是你擁有的潛力。

那是你擁有的機會。

那是你學習到的技術。

那是你被託付的責任。

那是你接受的指導和別人的時間。

那是生命本身。

拉爾夫·艾里森就讀塔斯基吉學院時，鋼琴老師海澤爾·哈里森（Hazel Harrison）

送給了他一份禮物——她不只花費時間和精力教他彈鋼琴，還教導他如何看待表演者和有才華的人所肩負的義務。她告訴艾里森：「你必須**每一次**演奏都拿出最佳表現，就算只在奇霍車站的候車室演奏也一樣，因為在這個國家，總會有某個默默無聞的音樂大師藏身在幕後……深諳音樂和傳統，以及你要演奏的曲目應該達到的水準。」

奇霍車站是塔斯基吉學院附近的火車站。在表面之下、不引人注意的角落，總有機會佇立著能夠欣賞和理解其中價值的人。那變成了指引艾里森創作的藝術良知，如同卡特時刻銘記李高佛為他設下的標準，也就是，約翰．伍登在第一堂課指導球員穿襪子的基本功夫時，所說的一句格言：

「盡全力就是最佳表現。」

不是要做到完美，而是要**盡全力**。

剩下的就交給計分板、交給裁判、交給眾神、交給命運，交給評論的人。

超越心性……

「懂得同時運用頭腦和身體與他人較量的人，很少只拿第二名。」

——皮特．卡利爾（Pete Carril）

如果擁有聰明才智、成就或權勢，就能輕輕鬆鬆過日子，那就太好了，但顯然並非如此。

事實上，我們發現，因為我們有才能、有資源、有責任，所以必須要**更加**妥善地掌控自己。我們要**持續**有意識地、周到地檢視自己，反躬自省、控制衝動。

要學習古老格言所教導——**了解自己的**身心，並且學習另一句同樣古老的格言所說：「凡事不過度。」

我們認真工作、努力思考、堅持高標準。如此持之以恆，我們將能過得既快樂，又有生產力。即使在極少數情況失敗了（人總會失敗），你也能夠度過難關。不只因為我們深知自己盡了全力，也因為我們身上的力量與品格，足以帶我們**挺過**中途的挫折。我們將擁有振作和繼續前進的決心與平衡。

反過來呢？當我們做事過度、標準降低，會怎麼樣？偉大的愛比克泰德說，如果漫不經心、懶散、草率、軟弱，如果不再努力追求進步，人將會停止前進，將會以平凡、令人失望的樣子生活與死去。

但不僅止於此。蒲魯塔克談論過蘇格拉底的學生亞西比德（Alcibiades）。亞西比德曾經是一名專心學習、前途似錦的學生。蒲魯塔克舉他的例子說明，不加節制不僅損害自己，也損害依靠我們的人。

……他缺乏自律，過著膽大妄為的生活，毀了自己，而他的鋪張浪費與放蕩，也讓這座城市失去他所能帶來的所有好處。

自律不僅僅是我們的命運，它也是我們的**義務**。

一份對潛力應盡的義務。
一份對國家應盡的義務。
一份對理想應盡的義務。
一份對家庭應盡的義務。

一份對人類同胞應盡的義務。

一份對敬重我們的人所應盡的義務。

一份對我們的後代所應盡的義務。

因為你將很快面臨真正的考驗——它將超過，你在追求最優秀的自我的旅途中，通常所必須要展現的堅持與抵抗精神。人生會要你展現偉大，做出幾近英雄式的事蹟。你的身體、心智、精神將必須協調一致，這樣你才能發現自己能做得比想像的更多。你也將被要求付出……比以往任何時候，所必須付出（或放棄）的更多。

第三部／主宰者（靈魂）

「當我們的統治對象是自己，我們要承擔的是一國之君的責任，不是臣民的責任。」

——老羅斯福總統

能夠掌控自己身體的人並不罕見。世上也不乏聰明的人，在其身處的行業領域，掌控自己的心智與精神。真正稀罕的人是能夠兼顧身心自律，並且能夠在「公眾生活」這所謂的競技場裡頭身體力行、益國益民的人。我們當然能在修道院和山上的靜修處看見節制與克制；那並非我們所追求的目標。你能在混亂的真實生活裡達到這樣的平靜與平衡嗎？忽視周遭的誘惑？忽視人群的鼓舞，或奚落？不論將要忍受什麼、能僥倖逃過什麼，或旁人認為是否可能？我們稱這種超脫一切的稀有境界為「主宰力」——在心裡、身體等各個方面時刻掌控自己，並設法找尋更高層次的動力，試著挖掘更多、付出更多。這是我們所追求的偉大境界，意思是在人生壓力最大的情況、當事情不如意、當命運或艱難處境找上門，而我們將身心靈結合起來，展現一切犧牲是為了什麼，展現我們的本質，證明我們實際上有可能支配世界，**同時**維持靈魂的完整。

提升自我

安東尼努斯（Antoninus）在努力二十五年後躋身羅馬政壇之巔，此時久病不癒、命在旦夕的哈德良皇帝，終於打算把他應得的——王冠——交至他的手中。

哈德良這樣描述這位廣受愛戴的領袖：「安東尼努斯，我認為你會是個品格高尚、性情溫順、頭腦明智的皇帝，年少時不剛愎、魯莽，年長時也不輕率行事。」

只不過，這是個慘忍的手段。

安東尼努斯在擔任財務官、司法官、執政官、元老院議員期間表現可圈可點，性格毫無瑕疵，紀錄無懈可擊，很少有人像他那樣，絕對有資格去掌握至高無上的權力，但哈德良和命運卻另有盤算。雖然哈德良對安東尼努斯讚譽有加，他卻將羅馬真正的未來寄託在別人身上——一個名叫馬可的青年——安東尼努斯只是替他占位置。對為王座暖身來說，安東尼努斯本身的條件實在好得荒謬。

揭開史頁，君王統治其實完全不像當今伊莉莎白女王如慈祥祖母般的象徵性統治。古時候的世界既殘忍又暴力。安東尼努斯登基後，想必會去鞏固權力、保護自己，留下永傳後世的遺澤。他定會**證明**自己被低估，並且野心勃勃地**奪取**渴望之物。

只不過，這一次，事情同樣並非如此。

安東尼努斯在位大約二十三年，做著準備讓某個青年接替王位的天大的苦差事，卻仍然展現卓越的自制力。他不只是個平衡、正派的人，這位被數百萬臣民當作全能的神來崇拜的皇帝，在統治龐大的帝國的時候，同樣展現了這樣的平衡與正派！

他從不把自己放在第一位，從不優先考量家族利益。他沒有抱怨或算計他人，只是默默做好（至少在最初）看起來實在不公平、完全不會有人感激的工作。古代歷史學家會發現，安東尼努斯統治期間，不曾讓羅馬與其他國家流下一滴鮮血。安東尼努斯為國家、為國家的理想、為他所愛的人，展現溫柔與奉獻自己，為他贏得了「安東尼努斯．**派烏斯**」（Antoninus *Pius*）的尊號——雖然不如「亞歷山大大帝」聽起來那麼顯赫，也不像「征服者威廉」那麼響亮，卻仍然是個非常高貴的名字。

能夠做到像安東尼努斯．派烏斯這樣，統治大約七、八千萬子民和大約三百五十萬平方英里國土，即使面對強大的誘惑與壓力，仍然能夠堅定發揮自制力，那是一件非常神聖的事。

伊莉莎白女王的儀式，在這位羅馬皇帝身上，都是實在的狀況。他有權力制訂及執行法律，並實際審理法律案件。他有權力發動戰爭，號令世上最無情的戰爭機器。他有權力增刪一個星期的天數，全權掌控羅馬曆法。他有權力撰寫羅馬的宗教的教義，並有權力以宗教事務領袖「大祭司」的身分改寫教義。

我們知道擁有這般權力的皇帝大多會怎麼做。一頁又一頁、一冊又一冊，擺放在許多圖書館裡的書籍，寫滿了他們的不當之舉與過度行為。

那麼，這位破格的羅馬皇帝，為什麼不像其他人那麼有名？

這就是自制力的諷刺之處。它使人成就偉大，但這樣的人**並不**追求他人的認同。安東尼努斯不僅出了名地不在乎表面榮譽，甚至主動拒絕接受這樣的表彰。元老院原本有意在安東尼努斯退位前，把「九月」和「十月」改成安東尼努斯及其妻子的名字，聊表對安東尼努斯的敬愛，卻立刻被安東尼努斯拒絕。反觀「七月」和「八月」經過大約兩千年，依然沿用凱撒大帝（Julius Caesar）和奧古斯都（Caesar Augustus）的名字。謙虛的安東尼努斯則未如此讓名聲久傳於世。

真要說的話，安東尼努斯反而是「受害」於他的偉大成就。十九世紀歷史學家歐內斯特・勒南（Ernest Renan）指出：「要是安東尼努斯沒有指定跟他一樣優秀與謙遜的繼位者，那麼安東尼努斯將會被譽為最傑出的統治者——他的繼位者擁有出色特質、才能與魅力，優秀的形象深植於世人的心中。」安東尼努斯沒有暗殺他的政敵，反而致力於將繼位者馬可．奧理略栽培為優秀人才——最後馬可的名聲甚至高於栽培他的養父——是安東尼努斯讓自己在史書上只能占據注解的位置。

紀律的英文「discipline」，字根是「弟子」的拉丁文「discipulus」，暗示了展現紀律的行為裡頭要有學生，也要有老師。這就是安東尼努斯與馬可．奧理略之間的關係的美妙之處。一方無私地展現自我控制力與良善之心，當另一方的導師與良師益友。另一方願意學習，能夠虛心**受教**於一位擁有自律精神、品德高尚的老師——這位優秀的老師去世以後，甚至被賦予了神格。

他們兩個人都回應了這個將他們凝聚在一起的特殊境遇。這不是他們所選擇的，而且幾乎所有的歷史都會預測這個狀況會以災難告終，他們卻一起達成了超越想像的成就。這種成就只存在故事書與寓言，並不屬於殘酷的權力殿堂。

安東尼努斯究竟教會馬可什麼？

讓我們從身體開始講起。

安東尼努斯是個非常堅強的人。他讓這名年輕人感到佩服的是，他可以「在偏頭痛發作時繼續做著原本的工作——精力充沛並且處在巔峰狀態。」安東尼努斯把自己照顧得很好，原因不只是健康很重要，還有健康狀態有助於妥善治理他的帝國。馬可這樣描寫養父的健康意識：「他不會總是懷疑自己生病，也不會過度關注自己的外表，但他也不會小看這些徵兆。因此他很少需要醫療協助、藥物，或任何類型的藥膏。」安東尼努斯讓馬可看見，有錢有權的人真的可以不需要一群保鑣，也不需要因為崇高地位而裝模作樣，或自命不凡。馬可觀察，養父的一切行為舉止幾乎與一般人無異，但他從來沒有「在擔任統治者或履行官方職責時，顯出邋遢或漫不經心的樣子。」

當有工作需要完成，安東尼努斯大部分的日子，會活力十足地一路從清晨忙到黃昏。有一件很小的事。馬可甚至提及，安東尼努斯的飲食很簡單，而且會定期攝取足夠的水分，不過他會安排上廁所的時間，不讓上廁所在不當時機打斷他正在處理的國務。對安東尼努斯來說，這些並非小事，而是具有象徵意義的大事。據說晚年時他開始駝背，於是他把菩提樹的薄木片放進衣服，幫助身體維持挺直。他已經在人們心中樹立直挺的形象，而他確保自己是真的站得直挺挺。

不過，不要以為這樣嚴格地過生活很不快樂。

事實正好相反。「對於大部分的人太喜歡享受而難以節制的事物，他既能有所節制，也能開心享受。」馬可在形容安東尼努斯時，將這種難以達成的平衡，比作十分節儉卻又以享樂著稱的蘇格拉底。馬可在《沉思錄》描述，他擁有「強大的意志力，能夠在一種情況堅持不懈，並在另一種情況保持清醒」。人生給予安東尼努斯豐富的物質享受，他接受並妥善運用，不以此為傲，也不產生依賴。馬可寫：「如果有，他會好好利用；如果沒有，他也不會記掛。」

在心性方面呢？

安東尼努斯一樣是成功的表率。他教導馬可「一旦做出決定就要堅持到底」，也就是說，除非「確定已經通盤考量，並完全了解狀況」，否則不要輕言放棄。安東尼努斯最了不起的地方在於「他會在會議上搜尋問題……一種專心致志的態度，幾乎從不滿足於第一印象，或過早中斷議題的討論。」他知道「何時該推一把、何時該退讓」，將最危險、最微妙的分寸拿捏得很好。每一件事他都能夠「以冷靜有條理，同時果斷、不拖泥帶水地發揮邏輯，將事情妥善考慮清楚」。他專注在議題上，不輕易偏離。雖然他很享受討論事情的過程，但不會延伸至不相干的議題，或長篇大論讓聽眾覺得無趣。假如搞砸了，安東尼努斯會承認錯誤——不怕擔起責任，也不怕遭受譴責。

身為領袖，不論做得多好，你都不可能不受批評。安東尼努斯收到很多批評，其中有許多批評對他來說並不公平，而且毫無根據，但他不會以怨報怨。他不理會是誰在傳話或傳些什麼。他能夠承受質疑，因為質疑使他進步，縱使質疑意味著他可能得要承認錯誤，也沒關係。他不像尼祿曾經驅逐才華洋溢的詩人，而是樂見自己思想提升。安東尼努斯沒有因為擁有聰明才智與權力，就不把發言權讓給專家，或不聽取專家的意見——擁有至高無上權力的人物，沒有幾個擁有這樣的能力，更別說在他們當中，有多少人能夠想辦法維持，甚至培養這種能力。

人們很少看見安東尼努斯因為工作心煩意亂，更不用說看見他對朋友發脾氣。根據馬可的說法，沒有人見過他焦躁不安。那是一份壓力很大的工作，但是「他待人處事從不粗魯，從不失去自制力，或變得暴戾」。聽起來不太像是讚美嗎？那我們有必要提一下，哈德良曾經因為祕書犯錯，而拿筆刺祕書的眼睛。

阿諛奉承無法左右安東尼努斯，但他會竭盡所能讓旁人感覺安心自在。當他去拜訪友人，他會把身分地位那一套擺在一邊，以一般人的身分與朋友相處，細心地不讓朋友把他當成特別的人。有一次，安東尼努斯對屋內裝飾發表意見，一位朋友非常自在地，以打趣的口吻，對這位能夠操縱臣民生死的皇帝說：「到別人家裡應該要假裝自己又聾又啞。」

他是個會笑也能接受被笑的人。他認真對待自己的工作，但不會把自己放在第一位。套句馬可的話，在他身上同時完美體現「莊重和不做作」。

哈德良曾經長期出訪巡視各省，但安東尼努斯拒絕這麼做。即位前，他曾先後擔任義大利總督與亞洲總督，知道接待帝王出訪隊伍對當地人是多麼沉重的負擔。不論他多麼謙虛低調，一國之君的隨行隊伍都會打擾到人民，若無必要，他不願意把這個負擔加諸給任何人。

安東尼努斯同時擁有這樣的身體與心智紀律，而成為一個有同情心、審慎、堅定不移，總是先管理好自己的人。命運或許並未如安東尼努斯所希望的展開，但他努力將命運塑造成即使從頭來過一次，他也不會想要再有任何改變的樣子。在他穩定統治羅馬的二十三年間，他與馬可培養了深厚的感情，而且他不僅打造出繁榮的羅馬，更在之後，將羅馬交託給同樣擁有優秀能力和謹慎態度的人。

雖說他並未贏得響亮名聲，但他仍然達成所有政治人物的終極目標——以馬可．奧理略最欣賞的問心無愧態度，乾乾淨淨結束政治生涯。

西元一六一年，安東尼努斯的時代即將結束。據說，他以「聖人應有的冷靜」準備好面對死亡。他逐一處理完最後的工作，將指揮權交給了養子。在那之前，他留下了最後的遺言——這是他給的建議，也概括了他的一生，以及說明我們每一個人所應當追求的目標：「Aequanimitas。」平靜。

現在換馬可要努力配得上這頂王冠，去實踐安東尼努斯為他樹立的榜樣。

「平靜」是最棒的座右銘。

你去看一看歷任美國總統就任前後的照片，就會知道，擔任一國元首有多麼沉重。那頂戴在頭上的王冠很重……王冠底下的頭髮都斑白了。龐大的責任不斷折磨這些領袖，直至他們不堪負荷。「非強者勿試。」這句話說起來是很容易，但軟弱的人也經常躍躍欲試——他們在過程中傷害自己，也傷害本該服務的對象。

命運送給安東尼努斯許多年的平靜與穩定。馬可．奧理略就沒那麼幸運。他將面臨史上有名的大洪水、蠻族的入侵，以及害死數百萬人的毀滅性大鼠疫。將有一個至親好友背叛和試圖謀殺他。羅馬將在他統治期間衰頹與沒落……那不是他的錯，卻是他要背負的責任。那是他每一天所要面對的惡夢。

請想像一下那樣的恐懼、沮喪和天大的壓力。許多人的命掌握在他手上，他自己的家人也面臨危險。沒有人能夠對如此艱困的逆境有所準備。每一天，新的危機和問題不斷消耗著他手上已經很稀薄的資源。先前，當擔心受怕與憤怒在羅馬皇帝的內心世界互相衝撞，羅馬的大街就會被一片鮮血染紅。

但是馬可沒有因此這麼做。他堅定迅速地處理完一個又一個嚴峻狀況，不僅拒絕放棄自己的原則，甚至堅持讓所有人看見他的原則。他以言行讓羅馬人民知道，他不是只在天下太平時節制自己，而是擁有深入骨髓的節制精神。

普通人和能力較差的領袖或許會感嘆自己遭遇到一連串的災難事件（很遺憾地，一般領袖皆是如此）。但馬可不是。這些事情對他來說不是**壞事**，而是機會。他用文字告訴自己：「**阻力即動力，障礙即道路**。」一切逆境、一切困難（以及那些糟糕的權力與奢侈享受）都是他能證明自己的機會——讓他能夠展示他從安東尼努斯身上學到的，並且示範他不只相信自制力，甚至能夠真正落實。

西元十四年提比略（Tiberius）當上皇帝以後，便在卡布里島（Capri）打造樂園安頓下來。尼祿在擺脫母親的影響後，拿起他的七弦豎琴，自詡為羅馬最有才華的藝術家，不顧國家事務、放縱自我。馬可在談到提比略和這些警示寓言時表示，「我們熱切渴望的事物實在非常微不足道，而當我們能夠接受得到的一切，並且展現正直態度、自制能力與對神的服從，不去把簡單的事情複雜化，將會更符合哲學精神。」

他真的做到了……雖然他一開始也曾懷疑自己。

據說馬可．奧理略在得知自己要成為國王時落下淚來——他清楚了解自己的身世背景，對許多人來說出身顯貴不見得是好事。那將會是辛苦的工作——他不僅要當皇帝，還要當好皇帝，不能因此墮落或被摧毀。

他一定也曾經只想做其他事情，曾經寧願看書和鑽研哲學，而不需要肩負命運給他的重擔。他的一位私人教師寫信告訴他：「即使你跟克里安提或芝諾一樣有智慧，你也只能違背意志披上紫袍，而不能穿戴哲學家的羊毛披肩。」

他能夠做到嗎？他能夠帶著榮譽感，莊嚴地披上紫袍，而不被染上汙點嗎？他也許會跟卡利古拉（Caligula）、維斯帕先（Vespasian）、克勞狄（Claudius）一樣墮落崩潰，想到這一點就讓他覺得很反胃。

有一天晚上他夢到自己的肩膀是用象牙做成的。**是的**，他夠堅強。他**的確**有可能不被這份工作摧毀。他可以辦到。他**會**辦到。他**不會**變得跟他們一樣。他要把這份工作當作畫布，在上面揮灑偉大的作品。

俗話說「侍從眼中無英雄」。但是，馬可待在安東尼努斯身邊超過二十年，關係比安東尼努斯的侍從還要親近，見過安東尼努斯最好和最差的一面，依然崇拜著他。馬可最終擁有成就，也要歸功於其他的私人教師、顧問，以及他所學習的斯多葛主義，但勒南寫：「馬可最尊敬的一位大師，比這些從世界各地挑選出來的大師更優秀，就是安東尼努斯……馬可．奧理略了解和敬愛著他，待在這位人生最佳典範的身旁，造就了馬可．奧理略。」

安東尼努斯**是**一位英雄。他不是藉由戰場上的英勇事蹟，而是藉由在平常的生活裡，日復一日發揮非凡的自律精神，**贏得了**馬可的崇拜。在旁觀察的馬可親眼看見並深受啟發，矢志終身實踐。

那就是自律……它跟勇氣一**樣**會感染旁人。

馬可從安東尼努斯身上學習到自律，造就他是什麼樣的人，以及他擁有的外在條件。換言之，非常驚人。

馬可登基後，安東尼努斯將至高無上的權力交付給他，他面臨這位敬愛的楷模所不曾面對的考驗。哈德良對繼位者的奇特安排讓馬可有個角色地位不明確的養弟。身為皇帝的他該拿這個潛在的競爭者怎麼辦？

許久以前有一位斯多葛派大師，警告以前的皇帝要把其他男性繼承人統統處理掉，說「不能有太多凱撒」存在於世。馬可想了又想，想出一個絕無僅有、既慷慨又無私的解決辦法。這個辦法與「絕對權力使人絕對腐化」的諺語完全相反，他讓養弟與他**共治天下**。獲得絕對權力之後……馬可的第一件事是將一半權力分出去。

馬可・奧理略與養弟的個性截然不同。盧修斯・維魯斯（Lucius Verus）的自我要求沒有那麼高。他沒有留下任何閱讀哲學書籍的紀錄。馬可是否認為他比盧修斯優秀？《沉思錄》上只記載，他很感激自己「擁有這樣的兄弟」，並說「他的個性挑戰我向上提升，他的愛和感情豐富了我的人生。」

據說馬可・奧理略最偉大的地方在於，他只對自己非常嚴格。他並不「期待到處都是柏拉圖的理想國」。人就是人，他知道人非完人。他找出與擁有缺點的人們共事的方法，讓他們能夠為羅馬帝國效力，而且他會找出他們身上有哪些他所讚賞的長處，並接受他們不好的地方（他知道那不是他能夠控制的事）。

馬可對元老院講到他們家的「財富」時，表示：「沒有任何一樣屬於我們，即使是我們居住的屋子，那也是你們的屋子。」據說他只有一次對元老院下達直接命令，那一次他要元老院對企圖政變的某些政敵寬大為懷。

馬可・奧理略大部分是對自己下命令。《沉思錄》的譯者羅賓・沃特菲爾德（Robin Waterfield）指出，四百八十八條規則當中，有三百條是馬可寫給自己的規定。他會早早起床，他會寫日記，他會積極做事。雖然身體不是很健康，但是他從來不抱怨，從來不拿健康當藉口，從來不在非必要情況，以健康為由拖拉行事。儘管有錢有權，他卻謙虛度日——在難以約束自己的寬裕生活中維持著平衡，而且統治時期，大部分時間沒有待在華麗的大理石宮殿，而是待在前線士兵居住的簡單帳篷。

如果沒有達到目標或完全搞砸了呢？他會重新振作，再挑戰一次。縱使困難，他仍然每一次都會全力以赴。

「安東尼瘟疫」（Antonine Plague）最嚴重的那段時期，羅馬國庫被瘟疫消耗殆盡，馬可在皇宮草坪上舉辦為期兩個月的拍賣活動，出售他的珠寶和藝術收藏品、妻子的絲綢製品，以及其他非生活必需的物品。有沒有其他辦法可以解決羅馬帝國的財務問題？當然有。他可以提高稅賦。他可以掠奪各省的資產。他可以用「下命令」的方式，搶走羅馬政商巨頭的房地產與財產。他也可以用緩兵之計，把問題丟給下一任皇帝。歷史上其他皇帝幾乎都毫不猶豫地選擇這些輕鬆的做法。

馬可則是挺身承擔。

因為偉大領袖就是那樣——他們會做正確的事，縱使要付出代價，他們也**更是會**在那樣的時刻，如此選擇。

馬可對批評並不在意。他沒有時間聽讒言或誹謗。他跟安東尼努斯一樣，如果證明是他想錯了，他會承認錯誤，並改變想法。雖然過著忙碌、無法喘息的生活，但他在這樣的生活中找到平靜，就連身在離藏書室很遙遠的地方，他仍然想辦法在帳篷裡的行軍床上研讀哲學。他努力活在當下，努力「以羅馬人的精神，專注於每一分鐘」，**篩選**念頭，**排除**干擾，用從他的英雄身上學習到的**溫柔**與**韌性**，處理眼前的每一件事。任何事情，不管會受人讚揚，還是遭致厭惡，他都全力以赴。

當其他人做得不對，或有人對他做出不實的指控，他會提醒自己：「不必小題大作。」當他非常渴望某一樣東西，他會要自己停下來，在燃起的欲望導致他做出後悔的事情之前，把欲望變成**石頭**。他試著做好的決定，試著挖掘他人最好的一面，試著將心比心，試著透過服務來領導眾人。馬可這一生最驕傲的就是，他不只不需要他人的幫助，而且當其他人需要他的金錢、建議、援手，他都能慷慨付出。

生活富裕、身邊陰謀環伺，馬可始終相信和**堅守**一句非凡的座右銘：

「能多節制，就多節制。」

當皇帝是一回事，成為**哲人皇帝**則是另外一種境界，而成為一位**優秀的哲人皇帝**，當一個獨立於頭銜之外的高貴之人，則是截然不同的境界。你擁有參與政治事務的權力，不多花心思在無關緊要的事情，你自給自足、懂得自我激勵、專心致志，並且懂得在好時機，以最佳方法，做最適當的事。是馬可．奧理略培養的優秀人格，使他的地位更顯突出；不是他的地位，為他這個人增添榮耀。

要在講求一致的世界明哲保身需要勇氣。在一個追求過度的世界裡，人們總是攻擊和嘲笑那些不沉溺於被他人合理化的娛樂，或他人找理由投入的熱情，要能克制自己，需要勇氣和自制力。

他會不會偶爾發脾氣呢？當然也會。幾乎沒有領袖人物能夠聲稱自己從不發脾氣。但是古代歷史學家並未記載馬可對人懷恨在心、氣量狹小、殘忍或失控。他在統治期間不曾發生醜聞或做可鄙、貪腐的行為。這不是很低的標準嗎？請想一想他的前後任皇帝，甚至今時今日的統治者，想一想那一大堆令人作嘔、殘酷的罪刑與災難，你幾乎無法在位高權重的統治者們當中，挑出一個誠實高尚的人。

馬可擁有良好的品格，但他深知品格需要不斷砥礪、不斷精進。他明白，當一個人停止進步，就會逐漸走下坡。安東尼努斯去世後，馬可繼續一生鑽研哲學，走入老年仍虛懷若谷地整理羊皮紙卷並持續學習進修。他始終不放棄學習、不放棄進步。

他追求的是什麼？他想創造什麼樣的命運？

那當然是難以達到的理想境界，但他窮盡畢生之力「不受愉悅或痛苦左右、行動時目標明確、不做不誠實或必須掩飾真我的事、不受他人是否行動所影響」。或如他在其他地方所說，要做到「自立自強，完全不受命運之骰左右」。

那樣的境界很棒吧？

在某種意義上，那正是自制力的展現——自給自足、目標明確、頭腦清晰、擁有行動的力量。

只有一種方法能夠辦到……而且無法瞬間領悟。

喬安．羅傑斯（Joanne Rogers）在提到已故的丈夫「羅傑斯先生」的時候，表示：「如果你把他描述成聖人，大家可能不會知道他有多努力。」安東尼努斯和馬可．奧理略不是塵封的古老寓言，他們不是印在歷史書籍上的平面人物。他們是有血有肉的人，而且他們也並不完美。但若他們是完美的人，他們就無法帶給我們希望。

我們因為他們努力嘗試，因為他們會在失敗時修正路線，因為他們勝利時仍虛懷若谷，因為他們努力追求成功並得到果實，而喜愛他們。這些做法為我們指引方向。正如安東尼努斯的親身示範和慈愛教導，深刻塑造了馬可．奧理略的良好人格，安東尼努斯與馬可．奧理略的人生與教誨，同樣能夠為我們帶來正面影響。

我們不需要像某些成功人士寫下更多悲劇故事與警示寓言。自律帶我們找到自己的天命，亦即，邁入更高層次的意念、存在狀態與卓越表現。

安東尼努斯找到了這個天命，他開闢的道路為馬可指引明燈。

我們是否願意追隨他們的腳步？我們是否願意去讚賞這些英雄？還是反而選擇走上尼祿的路？

此時此刻我們必須這樣好好問問自己。

嚴以律己，寬以待人

小加圖像他的曾祖父一樣嚴格。他不在乎財富，穿普通的衣服，在羅馬四處走動的時候，不戴帽子，也不穿鞋子。從軍時，跟部隊一起睡在地板上。他從來不說謊，從來不用寬鬆標準對待自己。

在羅馬有句話說：「**不可能人人都成為老加圖和小加圖**。」

小加圖的兄弟凱皮歐（Caepio）與那種難以辦到的高標準恰好相反。他酷愛享受和香水，並且會跟小加圖永遠不會結伴的人為伍。但是小加圖深知自我節制的同時必須有顆謙虛的心，並沒有忘記「自」律的意思。

雖然我們為自己設下最高標準，並希望好的言行能夠影響別人，但是我們不能期待所有人都跟我們一樣。那樣既不公平，也不可能辦到。

或許是曾祖父曾經說過的一句處世警語，讓小加圖能夠在與兄弟有著截然不同的生活方式時，依然給予兄弟愛與支持。老加圖說：「除了自己，我隨時能夠原諒別人犯下的錯。」好幾個世代以後，富蘭克林提出更好的處世之道：「探查他人的善，深究自己的惡。」或如馬可．奧理略所說，**嚴以律己，寬以待人**。

嚴格要求的對象只有自己。這麼做，需要用上全副的自我控制力。不是因為你很難嚴格要求自己，而是因為你很難不用同一套標準去苛責別人——你明明知道有壞處，卻得放任對方去做那件事；你明明看見對方潛力無窮，卻得任由他們鬆懈荒廢。

可是你必須這麼做，因為你無法掌控他們的人生。

因為無法讓自己與別人都能好好過生活的人，終究會累垮。

請認可他人的嘗試、認可那樣做的背後理由、原諒他們，並且從記憶刪除。當對方願意接受幫助，則幫助他們提升自己。

不是每個人都接受過跟你一樣的訓練，不是每個人都擁有跟你一樣的知識，不是每個人都擁有跟你一樣的意志力和決心，而且不是每個人都拿定主意要過跟你一樣的生活！

所以對人要寬容、厚道，否則你對他們並不公平，而且會適得其反。

一九九六年紐澤西籃網隊（New Jersey Nets）*想要網羅年輕的籃壇未來之星「柯

*譯註：二〇一二年後更名為布魯克林籃網隊。

比・布萊恩」（Kobe Bryant）。柯比到現場進行測試訓練，之後要搭六小時的飛機，跨越美國飛到西岸。當時擁有重視精簡與高效率的球隊文化的籃網隊，為他訂了經濟艙中間座位。柯比始終沒有忘記這件事，籃網隊為了一時省錢，失去了網羅史上最佳球員的好機會。

其實相同問題曾以不同形式多次出現在柯比的職業籃球生涯。他是籃壇少數自我要求極高、盡心盡力打球的籃球員，但他不太能夠接受隊友「無法都像柯比」那樣打球。可是，許多隊友根本**不想**變成柯比。當他試著像要求自己那樣鞭策隊友，往往只是把隊友操得半死，或像俠客・歐尼爾（Shaquille O'Neal）的例子把隊友**逼走**，少了可以幫助他至少……多拿下一、兩只冠軍戒指的優秀綠葉。

前面提過我們應該要保持冷靜。成功或才華洋溢的人最容易發火的原因不外乎是其他人無法達到他們的標準。這麼簡單的事情怎麼會做錯？為什麼不能示範一次就做對？**為什麼就是不能跟我們一樣**？

因為他們不是我們！

就算他們跟我們一樣優秀，期望對方去做他們沒有意願去做的事，公平嗎？

甘地的朋友一直很感謝甘地的通情達理，也很感謝他不會因為他們做不一樣的選擇，或沒有過那麼嚴格的生活，而批評他們。* 在莎士比亞的《第十二夜》裡頭，托比爵士問：「你是否認為自己品德高尚，其他人就不能尋歡作樂？」讓別人去找他們的樂子吧，讓別人用他們喜歡的方式生活和工作。你自己的天命就夠你操心的了，你沒有責任去改變別人。

當個能夠啟發別人的好榜樣，就夠了……不過別忘了你的同理心。在波斯灣戰爭爆發前夕，科林・鮑威爾（Colin Powell）沒有告訴任何下屬他就睡在辦公室裡。扛重擔的人是他，不是他們，即使下屬可以替他分憂解勞，他也不想讓他們覺得，必須跟他一樣犧牲自己。

林肯的祕書曾經驚嘆地表示，林肯「從來不會要求任何人表現完美，甚至不會要求別人必須符合他為自己設立的高標準」。

雖說自律精神會感染他人，但自律者擁有堅強心智，能夠接受只有我們必須嚴格自律。

自律是**我們**的天命。馬可・奧理略從安東尼努斯身上學習到，光是試著避免犯錯

---

*他唯一嚴格要求，而且要求過頭的人，只有他的子女。

就已經很困難，足以讓我們忙碌一輩子了。我們都沒有完美到還有餘力去質疑別人勇氣不足、挑剔別人的習慣、試圖鞭策別人完全發揮潛力。我們還有這麼多要努力，沒有多少時間去挑剔別人。

如果了解這一點，與人往來時，你應該就能少一點苛求，**多一點同理**。

伊莉莎白女王與先生菲利普親王都在面對子女與手足時，面臨到這樣的難題。他們都是嚴以律己的人，相信人應該要盡自己的責任——他們認真盡責，子女也許就是因為這樣，才對律己和盡責心生反感。

我們最好學習小加圖和馬可・奧理略。小加圖沒有試圖擺布他的兄弟，而是去愛他的兄弟。馬可不是對養弟盧修斯・維魯斯採取隱忍的態度，而是在盧修斯身上尋找，馬可本人所缺乏，值得他去愛與欣賞的事物。至於他的缺點呢？馬可用養弟的不良行為砥礪自己。他們都因為有對方參與人生而成為更好的人。他們能夠在對方身上看見彼此的共通點和感受手足之情，使他們的人生都過得更加豐富。

這是一種更高層次的境界，不只自律，還擁有同情心、善良、理解與**愛**。

節制不會使人孤獨與被孤立，而會結出更甜美的果實。優秀不該是你用來攻擊別人的武器。其實有個字詞就是用來形容那種不加節制的作為——自負。

別人會選擇不同的生活方式。他們有可能出於不安全感與無知，攻擊我們的選擇。他們有可能因為做出我們覺得可惡或不自律的行為，而獲得很棒的獎勵？**那又如何**？那是他們要處理的事，我們不需要加以理會。

我們踏上的是**自我**實踐的旅程。請把別人犯的錯留給他們自己面對，不要想著把別人都變成我們。想像一下，要是真的如此，世界會多麼無趣，而且能夠學習的人將會減少許多！

當我們朝這個目標邁進，我們就愈是善良，更懂得對人網開一面。

我們在走自己的路，沒錯，這是一條既嚴格又困難的路。

我們曉得其他人有自己的路要走，曉得別人已經盡力，用手上的資源發揮出最大效果了。

我們沒有批評的資格，我們所能做的只有鼓勵與接納。

幫助別人進步

伊莉莎白女王的父親與安東尼努斯一樣，並非生來就注定過不凡的人生，而是在哥哥一時激情放棄王位後，意外當上了英國國王，但是他對歷史影響甚鉅。除了與邱吉爾攜手帶領英國度過艱困的戰爭時期，他也深深影響了身邊的人。

喬治克服嚴重的口吃問題，鼓舞許多世代遭遇相同問題的年輕人。但有一件更平凡的事，就是他像每一位父親所能夠做到的，在女兒身上實現不朽和無可磨滅的影響力。雖然權力被憲法限縮，而且五十六歲就罹癌過世，但他不僅僅是在世期間為女兒樹立了突出的榜樣，更是在年輕的女兒每一次自問「父親會怎麼做」的時候，深深影響著伊莉莎白。

相同例子還有，小加圖注重自己的一言一行，效法生活嚴格簡樸的斯多葛哲學家老加圖，替這位不曾謀面的曾祖父所遺留下來的典範添光；相同例子還有，往後無數個世代將老加圖與小加圖視為英雄的人。

小加圖去世一百年左右，塞內卡告誡世人要「以加圖為榜樣」，用這把尺來衡量自己，見賢思齊。當尼祿派人終結塞內卡的性命，是加圖的榜樣，在他生命的最後一刻，給了他力量。大約一千七百年後，喬治．華盛頓決定終身效法加圖，用他心目中的英雄講過的話，作為自己的知名口頭禪。

他們都沒真的見過加圖……但他卻讓他們更有力量。他的自律精神在關鍵時刻，幫助他們挺身面對困難。

可知，嚴以律己的加圖與英王喬治六世甚至辦到了，許多嚴格要求追隨者守規定的領袖所無法辦到的事——幫助別人進步。

你需要這樣的英雄來幫助你發揮天命。但要真的發揮天命，你得成為這樣的英雄——透過這樣的生活方式，啟發他人發揮天命。

安東尼努斯不正是因為這樣而不凡嗎？他的榜樣、忠實、虔誠，對他助益匪淺，本身已經是件好事，除此之外它也深刻影響馬可．奧理略。安東尼努斯不必嚴格要求他要輔佐的少年。他的嚴以律己的精神和諸多美德，具有感染他人的力量。

正如郎費羅（Longfellow）對於南丁格爾，以及所有嚴格自律的傑出人士，所描寫的：「他們滿溢的優秀，將我們從低谷向上提升。」試想，身處第二次世界大戰那段黑暗日子的邱吉爾——他的勇氣、他的自我控制、他面對壓力時的冷靜自持，幫助他的國人找到這些特質。

這就是偉大的領袖人物。他們幫助別人進步。他們幫助別人成就自己。

《薄伽梵歌》（*Bhagavad Gita*）裡頭寫道：「偉人腳下的路將成為世界的指引。」

自律者不訓斥他人，不做任何要求，只管做好**分內**的事。他們也不會給人難堪……唯一的可能是他們的良好言行，使他人隱約感覺自嘆不如。看見他們會使人**自覺必須**挺身而出、向前邁進、深入探索，因為他們證明了這樣的可能性。

塞內卡在談到老加圖，以及所有啟發他的人們的時候，寫道：「能夠幫助別人進步的人是快樂的人，他不只在人們的身邊，也在人們的心目中，發揮影響力。」

那就是自律的力量。自律使你進步……更棒的是，這股正向影響力將感染你的周遭世界。

我們不必都得變成老加圖和小加圖。這句話一樣也是在告訴我們，不可能人人做得到。

但是我們可以當人群裡的正能量。我們可以向子女、鄰居、同事、員工示範什麼是好的選擇。我們可以用每天堅持出席示範什麼是決心。我們可以示範抗拒挑釁或誘惑的意義。我們可以示範如何忍耐。我們可以示範如何展現耐心。

也許別人會因此感謝我們，或因此討厭我們。也許我們會獲得褒揚，也許會招致怨恨，這都不是我們能夠控制的事。

我們可以決定的是，我們要當個好人、做對的事、征服自己。我們不能逼別人跟我們一樣。但我們可以埋下種子，可以安於自己的天命，知道最後那必將為某人帶來影響，因為自律跟勇氣一樣，具有感染力。

在我們胸中燃燒的明亮火光，足以溫暖他人。我們心中的亮光可以照亮別人腳下的路。我們的成就讓其他人看見成功的可能。

一切從我們開始，從我們的**內心**開始。

但那股力量不會就此停歇。

自律精神可以感染其他人……若非如此，那樣的自律究竟能有多強？*

---

*伊莉莎白女王在其子女與外圍親屬方面的失敗確實是個汙點，正如同馬可・奧理略在兒子康茂德（Commodus）身上的失敗，顯現出糟糕的結果。

面對壓力展現優雅

曾經有人問海明威他認為什麼是勇氣。雖然海明威給出的定義包含了以下這些例子，但他並沒有直接說勇敢的意思是衝進戰場、殺死野獸，或正面迎擊強大的利益。

「**面對壓力展現優雅**。」

海明威是這樣說的。

在關鍵的時刻，**展現鎮定**、**維持紀律**。

伊莉莎白女王在生命遭受威脅、有物品從天而降、媒體包圍宮殿時，展現出冷靜的態度與自我控制的能力。對她來說這些都是她的分內工作。二〇〇五年發生七七恐怖攻擊事件，造成了五十二個人在倫敦地鐵喪生。伊莉莎白女王解釋了沉著鎮定的重要性，表示這是「個性的展現」。她對哀慟中依然展現堅強韌性的英國人民說：「我要向首都人民表達敬意，經歷昨天的爆炸事件，他們仍然冷靜堅定地重拾正常生活。**那就是**我們對這起暴行的回應。」新冠疫情爆發初期，她也在演講中重申這樣的基調。她說：「我希望，在將來，每個人都能對自己如何因應這次挑戰感到驕傲。往後人們將會說這一代的英國人依然那麼堅強。他們將會說，自律精神、不張揚且不失幽默的堅定意志，以及同情心，仍然是英國人擁有的特質。」

西元一七五年，馬可．奧理略的將軍阿維狄烏斯．卡西烏斯（Avidius Cassius）企圖發起政變，背叛了他。馬可與家人面臨致命危機，但他仍像平常那樣冷靜以對。他如此描述這些危急時刻：「當一個人愈是能夠靜下心來，他就愈是能夠發揮力量。」他提醒自己，真正的男人不輕易發怒或驚慌，決心效法安東尼努斯。他說：「這樣的人擁有力量、勇氣與耐力，那是愛發怒、愛抱怨的人缺乏的特質。」

你知道，這件事不會自己發生。它需要經年累月的學習與練習，會經歷失敗與振作，並且一天比一天進步。拿破崙說：「就我的例子來說，我花了好幾年累積自我控制力，不讓自己被情緒出賣。」拿破崙或許是個野心勃勃的自大狂，但是沒有人能否認他在戰場上的鎮定自若。

另一方面，武士宮本武藏聰明的地方就在於他能夠破壞對手的平靜。他會使出渾身解數動搖對手、讓對手無法集中注意力、激怒他們。辦到以後呢？對手就等著被他擊垮了。

面對壓力仍能展現優雅，看起來很美好，但要做到，需要宰制一切的自我控制力與意志力。那些人當然也會害怕，當然也很累，當然也受到了挑釁，但是他們想辦法統合一切，擺脫影響。

從來沒有哪個領袖人物、藝術家、父母親，一輩子沒有落入過壓力極大的處境，彷彿事情快速發展就要失去控制，或在許多狀況中發現，**接下來的行動舉足輕重**。

這是他們證明自己與眾不同的時刻。這是他們實踐天命的時刻。

有個故事說，羅馬騎士帕斯特（Pastor）有個年輕受人歡迎的兒子，被皇帝卡利古拉編織罪名關入監獄。帕斯特試圖替兒子求情，因為這樣，壞心眼的卡利古拉反而殘忍地故意下令處死這名少年。

為了進一步折磨帕斯特，卡利古拉在帕斯特的兒子要被處決的當晚，邀請他前來共進晚餐——帕斯特無法拒絕這項要求。

結果帕斯特怎麼做？他**可以**怎麼做？

他去赴約了。

但是他沒有顯露出任何一絲難受或憤怒的情緒。卡利古拉舉杯祝他身體健康，他將酒一飲而盡。皇帝賜了一些禮物給他，他將禮物收下。可以想像，帕斯特坐在那裡，四周充滿笑聲與人，覺得自己是全世界最孤獨、悲傷、憤怒的人。儘管如此，他沒有流下眼淚，也沒有口出惡言，反而表現得像是，他心愛的兒子並沒有遭受如此任意、殘酷的對待。

他是怎麼辦到的？忍受痛失愛子是一回事。但要站在那裡，容忍一頭發了瘋的殘酷野獸，為一己之樂揮動刀劍呢？要在殺人凶手的宴席旁，強忍作嘔和大叫的衝動，發揮強大的自制力吃東西、喝飲料呢？誰能忍受得了？

他是麻木了嗎？帕斯特是不是沒有心肝？是不是精神崩潰，喪失了勇氣？不是。答案比那些還要簡單：**他還有一個兒子**。

他不能不鎮定，那樣會拖累孩子，所以他為了兒子鎮定以對。他以無法言喻、不可思議的力量與沉著莊重，度過了這次難關，成功守護家人。

要明白，自制不只是在面對壓力的時候，保持心平氣和、冷靜自持。不光是要忍受偶然的批評或克制住某一些衝動。

有時候你還必須能夠**不去做**你在那一刻最想做的事情。你要抑制那非常自然、非常合理、非常值得被原諒的感受，也就是把事情看成是針對自己而來、逃避、崩潰、恐懼下自我封閉、快樂地大肆慶祝、憤怒地咒罵他人、報復別人。

沉浸在這些激動的情緒裡是正中對手的下懷，甚至會傷害無辜的人。

政變？面試被刁難？眾所矚目卻賽況危急？令人傷心的謊言？生死交關的危險情況？為了換跑道而賭上身家？我們能夠為了心愛的人，堅強地挺過任何難關。我們能夠為了實踐理想或達成使命，堅強地忍耐，必須如此才行。

我們可以像帕斯特必須做到的那樣，將痛苦吞忍下去。我們可以像馬可，以及像伊莉莎白女王一再做到的那樣，振作起來。

我們選擇這樣做，因為我們的孩子、追隨者、學生、整個世界都看在眼裡。我們不只不想讓他們失望，我們更想啟發他們，想讓他們看見成功的可能，想讓他們看見我們真的對此**懷抱信念**。

塞內卡說：「你在忍受的事情並不重要，重要的是你**如何**忍受。」

一個真正偉大的人物會在忍受過程展現**優雅**。

鎮定。

勇氣。

以及**自律**。

替他人分擔重量

一九九八年，聖誕節，查爾斯．克魯拉克將軍（General Charles C. Krulak）來到匡提科海軍陸戰隊基地（Marine Corps Base Quantico），心想哨站應該要有士兵站崗，但卻沒有看見站崗的士兵。更令他驚訝的是，詹姆斯．馬提斯准將自己在值哨。

是不是出了什麼問題？

不是，只是因為那一天本來要負責站崗的士兵有家人，馬提斯認為他應該要回家跟家人一起過節。儘管馬提斯有大約二十年的從軍資歷，而且當時他有其他一大堆事情可以做，但是他卻選擇替這名普通的士兵，分擔不受歡迎的輪值工作。

領袖必須無私，必須犧牲，必須面對跟組織其他成員一樣的損失。馬提斯從英國將軍斯利姆子爵（Viscount Slim）的著作學習到，如果你能辦到這點，「他們將至死不渝地追隨你」。

馬提斯曾經抓到一名中尉偷懶，對這名中尉說：「指揮他人的特權只有指揮，你不會因此得到更大的臥帳。」

其實最優秀的指揮官反而會選擇小臥帳。他們會把多餘的配給品分給部隊士兵。他們會更加嚴格，而不是更加寬鬆地對待自己。因為他們知道重點已經不在他們自己。

色諾芬（Xenophon）率領一萬名希臘人離開波斯時，有一名步兵向他抱怨，說：「不公平，你騎在馬背上，而我得要扛著盾牌走路，累死了。」色諾芬聽見抱怨，立刻跳下馬背，接下來全程拿著那名士兵的盾牌。

「首領」是工作，「領袖」則是要讓人心悅誠服。自律將幫助你提升到領袖的境界。你所憑藉的是像這樣的犧牲，以及替其他人承擔後果或責任。

我們在前面提過，獲得成就不代表你不需要自我控制。那並不代表你不需要做辛苦的工作或承擔後果。現在你也得要幫忙其他人分擔重量，並且要欣然幫忙，因為當你接收應得的報償，你也接下了責任。

格雷格．波波維奇支付罰款和承受外界的批評，讓球員的職業生涯得以延長。他的做法到現在已經成為常見的調度手法，後來的教練們也因此受惠。哈利．貝拉方提支付款項，讓金恩一家能夠享有片刻的心靈平靜和一點休息。

安東尼努斯登基時，曾經提醒妻子，現在他們得比以前**更慷慨**。他們也要對自己更嚴格、更有自制力。他說：「我們雖然擁有這個帝國，但我們不再擁有過去擁有的東西。」

要是權力或成就能讓我們不需要去做……任何耗費時間、平淡無趣、不方便或困難的事情就好了。實際上，權力或成就反而使我們必須在這方面做得更多。我們的要求被提高了。這，才是權力或成就的附帶結果。

你能應付得來嗎？

身為領袖要第一個到場、最後一個離開。身為領袖要做得最認真。身為領袖要把其他人排在自己前面。身為領袖要承擔後果。

餘下的只是一些措辭與頭銜罷了。

儘管這是個不言而喻的道理，卻遺憾地沒有成為世間的常態。有像馬可．奧理略這樣在鼠疫期間出售宮廷家具的領袖，也有放選民在沒有電力或自來水的家中忍受寒冷，自己到外地避寒的參議員；有在新冠肺炎疫情期間捐出薪水的執行長，也有領完政府的紓困金就把員工資遣……然後發放紅利獎金給高階主管的公司；有在新冠肺炎疫情期間為了公共衛生做出犧牲的人，也有舉辦派對的首相和到高檔餐廳「法式洗衣房」（French Laundry）享用奢華晚餐的州長。

蒲魯塔克感嘆，有太多領袖以為，「管理他人最大的好處就是不必管理自己」。

不，你才是那個必須徹底遵守規定的人。你才是那個必須證明自己拿出決心的人。你辦到的事情愈多，你就愈是必須要求自己遵守更高的標準。你擁有的愈多，你就愈是必須無私。

這麼做不是為了外界觀感，而是因為那是**正確的事**。因為那是你接下責任時所做的承諾。

當馬提斯將軍要求隊上官兵有所犧牲、互相幫助、盡責任、謙虛、同理他人，要是他沒有總是能**親身**實踐理想，作為眾人的表率，這些要求都不具有意義。

不能用說的，要親身示範。危險衝第一，獎勵排最後；盡責衝第一，表揚排最後。領導他人是會流血的事。這句話是譬喻，但有的時候，你真的需要流血。

那樣真的不公平嗎？還是說，那是你許下的承諾呢？順帶一提，那不正是你領取高薪的原因嗎？

指揮者的特權，即在於此。

善待自己

克里安西斯通常不太會管別人的事。不過有一天早上，當這位斯多葛哲學家走在雅典的街道上，他遇見了一個人正在斥責自己失敗了。這時候，他忍不住停下腳步，打斷這個心情不好的陌生人的話，好心地說：「請記住，你不是在對壞人說話。」

自律精神確實要求我們嚴以律己。我們要求自己遵守高標準，不接受藉口，並時時追求進步。

但是那是否代表你要自我鞭笞？討厭自己？把自己當成壞人來對待或講話？絕對不是。

儘管如此我們卻總是無意識地對自己講一些負面的話語。**你爛透了，你搞砸了，你把一切給毀了**。

你覺得達賴喇嘛會這樣對待自己嗎？

你把事情搞砸了，那又如何？你不是完美的人，也不是超人。**沒有誰是**。作家塔納希．科茨（Ta- Nehisi Coates）提醒，「不是每個人都能一直當傑基．羅賓森

（Jackie Robinson）。就連羅賓森本人，都不可能一直當傑基·羅賓森。」小加圖、馬丁·路德·金恩、童妮·摩里森、伊莉莎白女王，也都不可能辦到。

馬可·奧理略也不行。他提醒自己和所有人，不要「因為某一天沒有當個充滿智慧和品德高尚的人，而覺得生氣、挫敗或沮喪，而是要在失敗時重新振作，不論多麼不完美，都要認可那是正常人的表現，並再次全心投入你的操練。」

失敗**無可**避免，錯誤**必定**發生。

你欣賞的對象一定也曾經發過脾氣，他們也會按下「貪睡」按鈕，也會受害於他們的壞習慣。他們也會是不完美的配偶、鄰居或父母。

假如看見他們那樣，你會怎麼做呢？你不會因此覺得他們一無是處，或去苛責他們。你會安慰他們，提醒他們想起自己做的所有好事，提醒他們想起自己完成多麼了不起的成就。你會要他們趕快從困境振作起來、繼續努力。

現在，你能不能那樣告訴自己？你能不能看見**自己**沐浴在平靜溫和的光下？還是說你太執著、太焦躁、太嚴格了，所以辦不到？

梭羅（Thoreau）在《湖濱散記》（*Walden*）寫道：「被南方工頭監工很辛苦，被北方工頭監工更辛苦，但最糟糕的是把自己當奴隸嚴格驅策。」

沒有人喜歡被人高壓統治……你為什麼要當自己的暴君？

斯多葛主義的重點不在嚴格鞭策自己。雖然它的確是一門嚴格的學問，但是如塞內卡所寫：「其實，沒有哪個哲學學派比斯多葛更溫和善良，也沒有哪個哲學學派比斯多葛更有大愛和更關心全人類的利益，所以斯多葛主義的目標是成為實用的哲學、提供協助，並同時考量其本身……以及所有人的利益。」

假如你忘記了，提醒你，**你**也包括在「所有人」裡面。

終身研讀哲學的塞內卡，最後這樣評論自己的進步，寫道：「我在哪方面進步了？我開始當自己的好朋友。」

自己的好朋友。

你不是自己的敵人。你會想辦法全力以赴，並每天追求進步。

你絕對不會允許朋友說他們自己沒有價值。你絕對不會希望他們因為認定太遲了而平白放棄。你絕對不會希望他們認為自己一無是處。你不會讓他們虐待自己、折磨自己。

我們能夠在對待朋友時保持平靜的心。我們能夠去安慰朋友。我們會提供建議，而不會訓誡朋友。那不僅僅是一番善意，更是莫大的幫助。我們會提供後援，將他們從深淵拉拔上來，讓他們重新回歸通往成功與幸福的道路。

現在請想像你能夠時時為自己提供這樣的幫助。

充滿愛與支持的地方，使我們成長。

善待自己、當自己的好朋友，也是**自律**的表現。

不要過分苛責自己，**要說好話為自己打氣**，讓自己變得更好。是朋友，就會這樣對待你。

放下權力的力量

喬治．華盛頓完成工作，回家了。

他剛剛打敗了大英帝國，此時整個北美大陸都是他的囊中之物，而他卻在這個時刻辭去職務，嚴詞拒絕可能獲得的權力，以及他所能夢想獲得的一切榮譽。他大可自封為王，並確保家族成員能夠世代統治此地。

但他沒有這麼做，而是恭敬地交出手中的劍。

英王喬治三世得知華盛頓的打算，感覺不可置信。他對美國畫家班傑明．韋斯特（Benjamin West）說：「若他真的如此，他將成為全世界最偉大的人。」*

華盛頓跟拿破崙一樣，年輕時就曾研究史上有名的征服者。他也知道亞歷山大大帝和凱撒大帝的警世寓言。他銘記前人的例子。除此之外，他深受羅馬政治家辛辛納

*事實上，華盛頓成為最偉大的美國開國元勛（但他也有缺點），其理由在於他決定釋放自己的所有奴隸，放棄他對奴隸的權力，做正確的事——開國元勛中，只有他這樣做。

圖斯（Cincinnatus）啟發。辛辛納圖斯在緊要關頭挺身而出，被授予堪稱沒有上限的超高權力，卻在拯救國家之後急流勇退，回去過平靜的務農日子。

管理野心是一種境界，勇於負責又是另一種境界，但拒絕權力呢？願意完全放棄或讓出一些使人絕對腐敗的權力呢？

能夠做到的人，在這個世界上，**少之又少**。

那是自制力的體現。

我們習慣於不斷地獲取。大家都說，要努力往上爬。有一些人則是幸運地攀上了巔峰。

總教練、執行長、負責人、總統、隊長。

當你辦到了，為什麼要把權力交出去？為什麼要分享**屬於你**的東西？

這個嘛，那些辦不到的人，就是最好的例證。

翻開羅馬史（事實上是全人類的歷史），權力使人**變得更糟糕**的故事，俯拾即是。從尼祿到拿破崙，從提比略到川普，權力不只使人腐敗，更能顯露本性。權力對人形成無法想像的高度壓力，讓他們面對難以想像的誘惑，再怎麼堅強，都承受不住。

多夫・查尼（Dov Charney）創辦了流行服飾公司「美國服飾」（American

Apparel）。這間公司推崇公平的勞動環境與高道德品牌精神。但是功成名就之後誘惑席捲而來，多夫．查尼慢慢地逐漸背叛了原先的原則，緊抓控制權和權力不放，甚至到了高壓和嚴密監督導致工作失去快樂的地步。投資人、顧問、員工都勸告他要聘請符合能力的經理人，來幫忙解決公司的各項難題，但他就是辦不到。*他喜歡能夠輕鬆掌控的馬屁精和年輕女人，而不願意分出權力和把權力交給別人。他的不知節制最終導致董事會將他開除，但是在那之前，他其實有過最後的選擇——他可以主動辭去執行長的職位，擔任創意顧問，留住他的股票選擇權，以及每年一百萬美元的薪資。他卻寧願選擇毀掉一切，也不願意考慮將他的王國的任何一丁點控制權，分享給其他人。

美國開國元勛制定出非常了不起的分權制度。他們深知集權的危險，了解領導權力是一種重擔，最好廣泛分配出去。華盛頓明白，他是在把權力交還給人民，讓人民以其認為適當的方式，分配與分派權力。野心勃勃的領袖大多無法忽視誘惑他們的海妖之歌……但是華盛頓做到了。

無法抗拒權力的人對自己和組織來說都很危險。對權力**有所需求**、無法忍受掌權

*本人也多次提出這項警告。

者不是自己，這樣的人即便達成偉大成就，卻完全稱不上是偉大的人。他們是癮君子！不是他們擁有權力，而是權力掌控了他們。這些人無法帶領組織持續屢創功業或完全發揮潛力，因為他們沒有辦法提早安排繼任者、沒有辦法把權力交給別人，沒有辦法採取任何會降低自身重要性的做法。

華盛頓在平靜溫和的光中，望著眼前的機會，選擇追隨辛辛納圖斯的腳步，回到維農山莊。他想過不受打擾的寧靜日子。他想透過辛苦的勞動陶冶出謙虛的心。他奉行民權與軍權分立的原則，將國家擺在自己前面。

對一個壯志凌雲、對事情很有主見的人來說，這麼做並不容易，但是他辦到了。

不過，華盛頓最後不是當上美國總統了嗎？是的，他並不願意，卻當上了總統……而且他在兩次選舉中獲得廣泛的支持。最後，他在擔任兩屆總統之後辭職，樹立了一百五十年受人遵循、未被打破的憲政慣例。一九五一年，這項慣例被寫入了《美國憲法》第二十二條修正案。

羅馬皇帝擁有至高無上的權力，可說要什麼有什麼。但馬可・奧理略和安東尼努斯在擔任皇帝期間，選擇接受由人民投票推選執政官，把自己當成參與其中的個體，而不是要求享受榮譽與權力。

你也許心想，要是我是他們，我會選擇拿錢，我會掌握權力。假如他們跟你一樣，或許……也會如此。

柏拉圖說最傑出的領袖不渴求權力。事實上，他們是**不需要**權力。因為他們征服了自己的欲望和自我，他們比我們更強大、更獨立、更不容易腐化、更冷靜、更仁慈、更專注在重要的事務上。

戰爭結束後，伊莉莎白女王打算封邱吉爾為公爵。他覺得非常感動和榮幸，差一點落下淚來。接著他回過神來，禮貌地拒絕女王的提議。他說：「我想起來，我必須作為溫斯頓．邱吉爾，以這個平凡的身分死去。」

頭銜並不重要，權力並不重要，財富並不重要，控制權並不重要。

你的偉大並**不**建立在那些事物之上。

而是在於你**選擇**成為什麼樣的人，或你選擇**堅持**做個什麼樣的人。

甘受侮辱

一九六二年，馬丁・路德・金恩在伯明罕市舉行的南方基督教領袖會議（Southern Christian Leadership Conference），對一大群背景多元的觀眾致閉幕詞。正當金恩博士開口感謝台下觀眾蒞臨，提及明年的計畫，有一個名叫羅伊・詹姆斯（Roy James）的白人男性走上講台，開始凶狠地揮拳揍他。

第一拳力用力打在他的臉上，力道大到讓金恩博士轉了一圈。接著詹姆斯對著他的頭和背部接連快速揮拳。觀眾席一片鴉雀無聲，只聽見骨頭與肌肉碰撞的刺耳聲音。

坐在觀眾席的塞普蒂瑪・克拉克（Septima Clark）被這突如其來的暴力給嚇傻了，一開始甚至懷疑兩人是不是在演戲給觀眾看。但接著，她看見金恩在被對方一陣暴打之後，把臉轉過去面對攻擊者，「像新生兒那樣」放下雙手，等待對方繼續揮拳。他在好幾百人面前遭受攻擊，竟然選擇對攻擊者敞開雙臂，真的做到「把左臉也送過去」，充分體現非暴力原則與基督徒的愛。

金恩的態度也讓詹姆斯一時之間愣住，旁邊的人看見這個空檔，便馬上衝過去將兩人隔開。金恩對憤怒不已的觀眾大聲說：「別碰他！不要碰他，我們要一起為他禱告。」觀眾開始禱告和唱歌，金恩和顏悅色地對剛才狠狠揍他的詹姆斯說話，向他再三保證人身安全，然後把他帶到個人辦公室講話。金恩把羅莎·帕克斯（Rosa Parks）給的兩片阿斯匹靈吞下去，一段時間後又站回講台，一面用冰袋敷臉，一面講完閉幕詞。

金恩在試著忽略他人的嘲笑與挑釁時，總喜歡說「我將非暴力原則視為我合法結縭的妻子」，這是一回事。但在至親好友與支持者面前，被納粹分子揮拳相向，仍然能夠做到這點，又是另一回事。*而在面對暴力時**挺身而出**，用實際行動讓朋友和支持者看見何謂自我掌控，並拒絕向對方提告，展現連伯明罕市警方都驚訝的寬大心胸，那又是更高的境界。

這樣一個富有同情心的人，你可以打他，卻無法將他**擊倒**。金恩深知這點。他用承受苦難的能力，迫使美國讓步。他的自我約束能力，令美國折服。

還擊對方，朝對方打回去，是人之常情。我們需要有紀律精神才不會受到這些能夠理解，而且甚至是為了自我保護才有的直覺反應影響。要完全不受影響需要發揮真

*詹姆斯真的是美國納粹黨（American Nazi Party）的黨員。

正的自我掌控力。

金恩認為，非暴力原則不僅僅是政治手段，它還具備某些**使人提升**的特質。即使是最平凡（甚至有瑕疵）的人，都能透過非暴力原則變得卓越和成為英雄（至少在危機或抗議行動中提升至這樣的境界）。這就是愛、慈悲、寬恕的力量。

「把左臉也送過去」是精神原則（spiritual principle）。這項原則的根基確實是正義的美德，但它同樣也是意志行為（act of will）——就算會受痛，你也得**做出**這個行動。

一九五二年，珊卓拉・戴・歐康納與約翰・傑伊・歐康納（John Jay O'Connor）宣示結為合法夫妻。她先是派駐海外、參與政治活動，接著回到美國進最高法院工作，將近四十年以來，她始終堅守誓言，不論好與壞，愛與珍惜、擁有與扶持著對方。但在一九九〇年，約翰被診斷出罹患阿茲海默症，讓結婚誓詞中的「無論健康與疾病」受到真正的考驗。起初她還能夠每天帶著他上班，好讓他不會感覺孤單。珊卓拉最後為了照顧他，放棄了自己夢想中的工作（這本來是一份可以做到老的工作，而且此時，她深愛的先生連認出她是誰都有困難了）。

二〇〇七年，新聞記者揭露，約翰・歐康納像某些阿茲海默症患者那樣，因為不認識妻子和完全忘記自己的婚姻狀態，而悲劇性地愛上了另外一名阿茲海默症患者。

珊卓拉打起精神，決定善加運用她擁有的重要平台，配合著這個故事的發展，呼籲世人關心這個無情的疾病。雖然她一定很心痛，但是她仍然用勇敢的表情，說道：「我很高興，這讓約翰覺得快樂。」

這就是一個人的**決心**。

進入婚姻關係、與人結交、在公共場合展現自己，有可能使我們受傷。我們會因此顯露脆弱的一面。保護自己很容易，只要關上心門就可以了。像珊卓拉那樣堅持五十年有餘，你得不斷「把左臉也送過去」、持續顯露脆弱的一面、將另一個人放在優先位置、原諒對方、愛著對方、接納對方、珍惜對方。

你做得到嗎？你夠堅強嗎？你**愛得**夠深嗎？

我們矢志達成的理想也需要這樣的精神。我們會未達理想，得要想辦法捲土重來。我們的決心會要面對難以想像的考驗。我們會被要求有所犧牲……並繼續做出其他犧牲。

但是如果真的能夠辦到，真的能夠做到不缺席、持續付出，努力遵守看似不可能的高標準呢？這個嘛，根據馬丁·路德·金恩的說法，我們將來到山巔。

我們將能接觸到某一些特殊、更高層次和神聖的事物。

適時退出

綜觀第二次世界大戰，最令人佩服的一次軍事行動，其實不是諾曼第登陸日入侵。就某種意義來說，是與入侵「相反」的行動。諾曼第海灘登陸涉及近十六萬名同盟國士兵，而將近整整四年以前的敦克爾克撤退，則是要撤走大約三十四萬名士兵。敦克爾克撤退行動沒有經過多年規劃，也沒有事先演練，而是在隨機應變之下，必須倚靠無數軍民一同冷靜挺身做好分內事，才能夠完成的行動。

諾曼第登陸的偉大成就的確值得讚揚，但若少了敦克爾克撤退非凡的英勇精神與紀律，前者就不可能辦到。諾曼第登陸非常了不起，但人們甚至在敦克爾克撤退當時就知道，這是一次**奇蹟**。

敦克爾克撤退當然是一次戰敗，儘管如此，這場行動的秩序與紀律深刻**啟發**了英國人。後續幾天，邱吉爾發表了「在海灘、空中、田野、街頭，奮戰到底」的知名演講。英國人為什麼認為自己辦得到？因為邱吉爾從敦克爾克了解到了。他說：「撤退無法贏得戰爭，但是這次救援行動是一場勝利。」

有時候我們必須往前衝。

有時候我們必須克制住衝動。

但最困難的部分通常是選擇**相反**做法。

直覺會告訴我們要勇往直前。我們心中有一部分覺得，寧願失去生命，也不能承認自己失敗，更不能逃跑。在故事書和歷史書籍裡頭，撤退是英勇和紀律精神的相反。但是有的時候，人反而需要鎮定的心和勇氣，才有可能真的做到撤退。

蘇格拉底在德魯姆之戰（Battle of Delium）發現自己落入這個處境。我們通常不會把蘇格拉底看成一名士兵，但他其實是一名士兵，而且是很好的士兵。雅典的防線被打破，人們四處奔逃。但是蘇格拉底依然保有他的自律精神，即使正在逃亡，也始終沒有垂下雙臂或丟棄盾牌。據說他連撤離戰場都在繼續戰鬥。蘇格拉底曾經救了學生亞西比德一命。亞西比德看見這位哲學家拚命奮戰求生，從頭到尾沒有拋下任何人或任何重要事物——尤其不拋下他的尊嚴——這件事深深啟發了亞西比德。他後來表示：「這樣的人在戰場不會被攻擊，只有倉皇逃跑的人才會被追殺。」

勇往直前向來鼓舞人心……但有的時候，當你必須選擇撤退，你必須要比別人更加成熟——並且發揮出更高深的自律精神——你才有可能在這樣的時刻維持尊嚴。

如果好人永遠不會輸掉戰爭，如果無所畏懼與努力就能成功，那就太好了，但那不是現實人生。有時候你必須先活下去，改日再戰。問題不是哪一天，而是當這一天到來，你**如何**回應。

對希臘人來說，撤退並非羞恥之事，重點在你如何好好撤退。在倉皇逃命的過程「丟棄盾牌」（rhipsaspia）是最嚴重的罪行，因為你可能會把整個方陣破壞掉，將戰友置於險境。斯巴達人是可以敗陣撤退的，但是他們絕對不敢拋下任何人。所以他們才說「要麼帶著盾牌回來，要麼死在盾牌上」。

勝利無望時，有些人會直接放棄——意志就此崩潰，造成可怕後果。當人失去秩序和態度冷漠，問題會被加深，以至於情況無可挽救，甚至連帶傷害到旁人。蘇格拉底和敦克爾克行動的英雄們都讓我們看見，那樣不是辦法。

與此同時，有一些人認為無論如何不能放棄，將這樣的固執視為美德。但那其實也是失德。只會前進的人……永遠不往後退、沒有撤退的計畫，那樣的人不叫勇敢，而叫魯莽。他們不是把自己控制得很好，而是永遠卡在一種檔位上。無論是在戰場、人生還是商場，你都不可能每一次永遠都當贏家。不懂得脫離、減少損失和撤退的人是有弱點的人。不懂如何輸得漂亮的人仍然會有輸掉的一天……而他們會輸得更痛苦。

林肯認為，父親被一句老話的邏輯限制住了，那句話說：「既然談了糟糕的條件，那就把它抱得更牢。」這樣你會無法放手、無法改變策略、無法承認錯誤，不正是所謂的「沉沒成本謬誤」嗎？因為這樣，林肯的父親如人家說的把錢砸進無底洞，經歷了數十年失敗難熬的日子。

我們覺得自己不會跟別人一樣，但真的是這樣嗎？

我們默不作聲、日復一日做著相同的那些事……妄想將來有一天結果會有所不同。我們以為這代表了，我們擁有不輕易投降的個性，但那也許只是愚蠢或軟弱。又或者，我們以為自己可以不斷勇往直前，但那其實就是不知足，這種不知足往往帶我們正中敵人的下懷。

懷抱希望很重要，但那不是聰明的策略。堅持否認不等於決心，錯覺使人毀滅，貪婪會帶人走上絕路。

洛基・馬西安諾（Rocky Marciano）在察覺身體狀態不堪負荷的時候，毅然決然離開拳擊擂台。請想一想洛基展現的自制力。他是極少數能夠在為時已晚之前退出的拳擊手。一九五六年有人開價一**百萬美元**，邀請他回鍋再戰弗洛伊德・帕特森——比他前一年對上阿奇・摩爾的第六次擂台賽，也就是最後一次冠軍保衛戰的價碼高出**不止一**

倍。但他知道時候到了。比起自負心態和荷包，他更看重自己的大腦。

別忘了，最後也是蓋瑞格自己要求，在他的表現開始影響球隊之前，先行退出球隊的先發陣容。雖然這樣會失去他最熱愛的事物，但是他仍然以崇高的尊嚴與鎮定從容的姿態退出比賽。人要夠堅強，才能夠辨到，才能夠看清盡頭，知道那是你必須「宣告死亡」的時機。

在經濟大蕭條時期擔任美國財政部次長的迪安．艾奇遜（Dean Acheson）有個小故事。他發現自己與小羅斯福在某個貨幣議題上出現嚴重的意見分歧。艾奇遜告訴小羅斯福法律規範非常明確，但是小羅斯福告訴他，希望律師會想辦法規避法律問題。在一番激烈辯論後，艾奇遜寫了一封文情並茂的辭呈，並出席繼任者的宣誓就職典禮，在典禮上感謝小羅斯福給了他這個機會，令小羅斯福大感意外。後來，艾奇遜在戰爭時期回任官職，小羅斯福也拿他當作別人效法的榜樣。有一次，職員遞給小羅斯福一封內容莽撞無禮的辭呈。小羅斯福對職員說：「告訴他，去問一問迪安．艾奇遜，紳士是怎麼辭職的。」

你能不能把自尊心放下，接受挫敗——或接受難以達成共識的不同意見？你能不能在適當的時機點退出？即使有強烈誘因要你留下來也一樣？你能不能在一切將要分崩離析之際，當所有人都在看著，希望**你**隨之垮台，依然能夠保持鎮定、從容以對？

你必須償還自己欠下的債，為你的錯誤負責，好好溝通自己的想法。你得為之後做好打算，例如提出下一份計畫、規劃新的章節，或發動新的一波猛攻。

要記得，撤退只是一時的，它能為我們爭取時間，直到我們能夠發動攻勢，再次勇敢進攻追求勝利。

忍人所不能忍

一八〇二年十月，貝多芬在海利根施塔特（Heiligenstadt）的房間內，墜入了人生的谷底。他的健康連年每況愈下。他飽受發燒和痢疾之苦，而且被嚴重的頭痛折磨。除此之外，他不止一次因為不是貴族身分，在論及婚嫁的關頭遭到拒絕，為了無疾而終的戀情痛苦心碎。當時他的音樂才華並未完全受世人認可。樂評家熱烈討論著他，但樂壇仍把持在守舊派人士手裡。拿破崙發動的戰爭，也正在蹂躪他的家鄉。

就在這黑暗的時刻，他想要一了百了。

他在寫給兄弟的信裡痛訴：「六年來，我無望地承受著折磨，而且愚蠢的醫生還使我的痛苦加劇。我一年又一年被病情好轉的希望所矇騙，到頭來還是不得不接受，這有可能是一種**頑疾**——治起來動輒數年，或可能根本無法治癒。我雖然生來擁有一顆熾熱的心和活潑的個性，對於社會的變化也相當敏感，但這樣的我，很快就會被迫離開人群，去過一個人的生活。也許有時候我試著忘記一切，唉，令我加倍難受的糟糕聽力，又會狠狠地將我甩回現實。我總不可能對別人說『大聲一點，大聲說話，我聽不見。』」

命運聯手對付貝多芬。他失去健康的身體，又發生令他心碎的事件，任誰也受不了那樣的衝擊。

但他沒有被擊垮。

貝多芬凝視懸崖邊緣的黑暗深淵，望向他的傑出天賦消失了的未來。他不知怎的，仍然能夠超脫一切的痛與苦，找出繼續前進的力量。他寫道：「讓我留住一命的只有我的藝術，喔，沒把我所能夠創作的樂曲統統完成，我想我無法就這樣離開世界，所以我仍然不幸地活著……希望我能夠意志堅定地忍耐下去，直到無情的命運三女神被感動，切斷我的命運之繩。情況也許會好轉，也許不會，我都準備好了。」

儘管遭受難以言說的不幸命運，美德仍支撐著他往前邁進。他寫道：「多虧有這樣的長處與藝術，我才沒有自我了結。」

他能夠發揮自我控制能力，去抗拒這股致命的激情，對我們來說，真是萬幸。要是那樣我們就聽不到〈給愛麗絲〉、〈第五號鋼琴協奏曲〉，以及他的九首交響曲當中的八首，或數不清的作品。

人生中每一件事都包含一定的忍受、耐心、不屈不撓和延遲滿足等。但是人生本身呢？罹患嚴重疾病，而後又被流放在外的塞內卡，這樣寫道：「有時候，活著本身就很勇敢了。」發揮自律精神也是。

人生並不公平，也不仁慈。想要活下去，不只要有健全的身體與心智，更要有強大的心靈——古人說這叫耐力（karteria）。缺少耐力，我們無法不畏困難地堅持下去。我們會在命運試圖叫我們灰心、放棄自己，或拋棄掉理智、原則、理念時，無法挺過命運的打擊。

傳道人李常受（Witness Lee）說：「**忍耐是人類的美德的總和**。」那不只是要挺過一兩次的風暴，而是更辛苦的狀況……例如一年、十年甚至更長久的苦難。但正是這樣的拚搏精神，他們雖然遭逢難關、痛苦與質疑，卻拒絕就此放棄，繼續努力不懈。這不僅僅是一種勇氣。對他們百般刁難的正是他們的身體與心智，而他們征服了身體與心智。

我們必須效法這些英雄。

哲學家賽克斯圖斯．恩培里克斯（Sextus Empiricus）將忍耐定義為「**帶我們超脫難以容忍之事物的美德**」。保羅．葛里克在為好友盧．蓋瑞格撰寫的傳記中，試著定義蓋瑞格的英勇，這樣寫道：「除此之外，包括毫無怨言地，默默承受著折磨，從來不說出口，不讓世人有起疑的機會。」*

塞內卡被流放八年。南丁格爾想要實踐天命卻被阻撓，因此等待了十六年。詹姆士．史托克戴爾（James Stockdale）雙手被綁在背後，被人用繩索從地上倒吊起來，導致肩膀脫臼的時候，不曉得有多少次想要求死。

想一想伊莉莎白女王如何挺過那多災多難的一年。安妮．法蘭可被關在閣樓二十五個月，打起精神寫日記。史蒂芬．霍金因為肌肉萎縮性側索硬化症在輪椅上坐了四十年。馬可．奧理略一輩子被胃病折磨，之後更要面對戰爭、水災和真正的鼠疫，在在提醒了他沒有什麼不能忍受（真的忍不下去的困難，最終會被死亡所消除）。

想一想熬過產後憂鬱症的母親們。想一想努力對抗癌症、解決破產問題、從令人屈辱的失敗中東山再起的人。想一想與戒斷症狀拉扯、努力從谷底翻身的癮君子。想一想努力掙脫世代貧困的人。想一想熬過極端惡劣的對待、生存下來的奴隸。

他們繼續前進，沒有放棄。瑪雅．安吉羅（Maya Angelou）寫道，儘管如此，他們

＊請勿將忍耐和「不」向他人求助混淆了。藝術家查理．麥克斯（Charlie Mackesy）寫得好，他說：「求助不是放棄，是拒絕放棄。」

依舊逆風而上。這樣做的時候，他們的耐力與沉靜的毅力，使得他們的奮鬥過程更顯尊貴與高尚。

他們證明了自己比逆境更強大，他們勇往直前。

你也可以辦得到。

不要氣餒，不要放棄。

要保持信念。

因為有一天，你將會從另一個角度，回頭看待這個困境……慶幸自己如此選擇。

我們都會有這樣的一天。

追求卓越

西元前六十六年龐培（Pompey）已經贏得「馬格努斯」（magnus）的稱號，名副其實成為了「偉大的龐培」（Pompey the Great）。他再度征服了西班牙。他不止一次，而是兩次擔任羅馬執政官。他也在「第三次奴隸戰爭」（Third Servile War）擊敗了斯巴達克斯（Spartacus）。

現在他被派去對付威脅地中海的西里西亞海盜。出發之前，他去找斯多葛哲學家波希多尼（Posidonius），向這位古代偉大思想家私下請益。

波希多尼給他的建議，乍聽之下用處不大。他引述《奧德賽》（*The Odyssey*）裡頭的句子，對這位野心勃勃的將軍說：「要追求卓越，出類拔萃。」波希多尼講的不是要征服更多敵人，而是征服自己。不是要贏得更多榮譽，而是成為**值得尊敬的人**。

蒲魯塔克則是提到了早於龐培好幾個世代的將軍與政治家伊巴密濃達（Epaminondas）。伊巴密濃達的名氣並沒有龐培那麼大，儘管他在戰場上和其他場合表現傑出，卻只在底比斯擔任有辱其功績的微小官職。事實上，正是**因為**他太優秀了，所以才刻意被派去管城市下水道。他並沒有因為不受重用，而激動生氣，或絕望沮喪（有一些嫉妒和害怕他的對手認為，這是終結伊巴密濃達的政治生涯的好辦法）。伊巴密濃達全心投入這份新工作。他說，不是職位定義做事的人，而是做事的人定義職位。蒲魯塔克寫，他認真努力工作，「雖然在以前，這只是一份負責監督糞便清理與街道排水的工作，但他成功將這個微不足道的小職位，轉變成備受尊敬的莫大榮譽」。

卓越人士會發揮自律精神，為其成就添光，不是成就使他們散發光芒。

這就是波希多尼想提醒龐培的事情。然而，龐培並沒有完全理解這一點。到頭來，真正重要的，並不是我們做了什麼，而是我們如何去做——以及再更進一步的——**我們是誰**。

我們太常看見，人們追求事業成功，而沒有努力當個了不起的人；他們相信必須排除一切，專注於追求成就、藝術、名氣、權力。

除此之外別無他法嗎？人不能在受人愛戴的同時，同時當個好人嗎？

又或者，如西塞羅（Cicero）所說，人能不能發揮自制力，為其不凡的一生更加錦上添花？

伊莉莎白女王繼承了王位。馬可．奧理略還是個小男孩時就被選中披上皇帝的紫袍。但是他們都不是因為王冠而顯得高貴，而是舉止言行成就了他們的威儀。在崇高的地位之外，他們同時擁有良好的品格，成為古人口中的「第一公民」。馬可說，他的目標從來不是成為最有權力的國王，也不是征服最多的土地，或者打造最美麗的建築。他所追求的是「品格的完美，亦即，在生命的最後一天，以及每一天，都不能狂暴、怠惰、虛偽。」伊莉莎白女王與馬可的成就帶我們看見，努力提升內在的同時，也會達成了不起的外在成就。外在成就並非我們追求的目標，而是附帶價值。

在你完全征服**自己**之後，征服世界也不是什麼難事了。能夠征服自己的人，絕對比征服世界的人還要**少**。

你可以在每一個行業裡頭，從真正的大師身上看見這一點。他們並不是那麼在意勝利、金錢、名氣，或成就附帶而來的多數事物。他們從頭至尾朝著更偉大的事物前進。他們不是為了贏過對手而賽跑，這是一場對抗自己的戰爭。

自律並不是一種懲罰或剝奪。重點在追求卓越，努力向上爬，去到**你**所能夠達成的境界。

追求自我卓越的戰爭與擊敗他人無關，而是要去打敗每一個人都會有的衝動、缺點和自私的**本能**反應。

一九九七年NBA總冠軍賽，麥可．喬丹在知名的「流感之戰」（flu game）成功克服想要退場的念頭。二〇二一年NBA總冠軍賽發生更了不起的事。人生經歷磨難的鳳凰城太陽隊總教練蒙提．威廉斯（Monty Williams）走進剛剛打敗他們那一隊的新科冠軍隊伍公鹿隊的更衣室，對他們說：「我只是想以一個人和教練的身分過來向你們道賀。你們實至名歸。謝謝你們帶給我們這樣的經驗。你們讓我成為更好的教練，讓我們成為更好的球隊。恭喜你們。」

對龐培來說，就算再多永遠都不夠，也沒有什麼是神聖不可侵犯的事物。他那永無休止的野心（波希多尼說他是好大喜功），讓他與凱撒聯手，帶著他曾經深愛的羅馬共和國邁向毀滅。最後他意識到這是浮士德式的交易，為了保護羅馬英勇奮戰，但為時已晚。他在法薩盧斯（Pharsalus）一天就被凱撒的軍隊擊潰，失去了一切。沒多久，也迎來生命的終結。他引述另一位古代劇作家索福克里斯的話作為遺言：

「任何人，只要踏上前往專制君主的宮殿的旅程，
儘管出發前為自由之身，都將成為自己的奴隸。」

寵培追逐的並不是真正的「卓越」，他所追求的名氣、財富、權力、**勝利**，將他與「低劣」拴在了一塊兒。

他因此賠上了一切。當我們妥協，當我們放鬆紀律，當我們允許「例外」，捨正確而就方便，我們也將賠上一切。

歷史上有過許多偉大的征服者，卻少有將軍本身也是偉大的人物。才華洋溢的作家、具開創能力的科學家、傑出的運動員、大膽的創業家，是很少見。但更少見（且更令人折服）的是——在建立豐功偉業的同時，依然保有自我控制力，不會被他們自身的野心、事業、衝動所奴役的人。

你會成為哪一種人？

你正處在哪一種比賽裡頭？你要打敗的對象是誰？是不是在追求卓越？

靈活就是力量

宮本武藏面臨到了真正的威脅。

不是來自刀劍的威脅，或至少可以說，不是直接來自刀劍的威脅。

如同所有受過嚴格訓練的人，宮本武藏有可能變得僵化，有可能永遠固定在某一種風格或做事方法上。這是專業化所自然產生的連帶後果。

當你以相同方式練習了一千遍，又一千遍，你會預期事情照那種方式進行，或是變得**需要**事情那樣進行。你重複慣例、建立系統、發展風格，揮灑自如……但也可能受其支配。

宮本武藏必須擺脫加諸於己的鎖鏈，才能成為真正的大師。他了解潛在成本——他曾經擾亂對手的節奏或使對方失去平衡、故意遲到、做出奇怪舉動，並且曾經在一次決鬥中，選擇不使用刀劍，而使用長木槳當作兵器，讓刺殺他的劍客丈二金剛摸不著頭腦，光是藉由這些做法，就打敗了許多非常可怕的對手。

他會不會被這套辦法困住，還是會掙脫，蛻變成數個世代後一流策略家羅伯·葛林所描述的「無招勝有招」（formlessness）？

宮本武藏選擇後者。他研讀藝術與詩歌，鞭策自己跳脫舒適圈。他拒絕停止進步，拒絕把自己固定在任何事物上——他重新創造、改變，並隨著年紀增長，持續演進成更新穎、優秀的劍士。

他寫道：「武器和其他東西一樣，不該有所區別。將軍和士兵都不該偏好某種武器，或不喜歡某種武器。當你命懸一線，你會希望所有武器都能派上用場。」或者更精確地說，你希望**擁有愈多武器愈好**。

你應該聽過有句話說「當你手上只有榔頭，任何東西看起來都像釘子。」那是一句警告的話。它在講的是僵化。它在講，你用固定的方式看待自己或工作，以及這麼做時固有的侷限性。

棘手的是，自制有一部分也是如此。我們認為某些事物神聖而不可侵犯。我們建立系統。我們發展出一套風格。我們樹立起一種身分認同。接著我們固守著這些事物。我們在其他人如風中羽毛飄搖之際，緊緊抓著這些事物。

非常好，但還不夠。

湯姆．布雷迪成為史上最偉大的四分衛固然有其方法。但他能夠長久屹立不搖，直到四十多歲仍然能再為自己多奪下幾座冠軍，所憑藉的是另一項寶貴資產。他的決心與認真態度讓他很早就大放異彩。但他能夠維持一定的身體狀態，憑藉的是「柔韌」。當其他球員努力把自己練得更強壯、塊頭更大……布雷迪努力提升自己的靈活度。他的身體既柔軟又輕盈。這裡「柔韌性」也是一種比喻。他不會**強迫**事情以某種方式發展——他會去適應不同的賽況和適應新規則、新接球員以及新城市新球隊裡的新一代運動員。*

所以我們也應該要學會改變嗎？

是的。

邱吉爾的一名同事將這樣的平衡描述得最好，他說邱吉爾「尊敬傳統但嘲笑慣例」。過往經驗很重要，但那不是把人關住的監獄。羅馬人稱舊有的做事方法為「祖先的習俗」（mos maiorum）。舊有方法固然曾經重要，但不要誤以為那就是最佳做法。請想一想伊莉莎白女王……她雖然在守護著一套歷史悠久的制度，但她也不會讓自己落伍。當披頭四樂團歌唱：「女王陛下是個好女孩，但她每天蛻變。」講的就是這個意思。一九六五年女王將大英帝國勳章授予披頭四，即是證明了這一點。當時傳統主義者非常反對女王這麼做。但現在回過頭看，那是英國君主制度融入英國文化非常必要的一步。

有些事物，像是原則，當然不能改變……但其他事物呢？我們必須拿出調整與適應的力量……才不會變成一個憤怒、痛苦、難與他人合作的人。

大學籃球教練夏卡・斯馬特（Shaka Smart）在要離開德州大學，前往威斯康辛州密爾瓦基市馬凱特大學（Marquette University）擔任教練時，被問到喜歡寒冷的天氣，還是溫暖的天氣。他回答：「我是會隨天氣改變穿著的人。」

我們一定要學會當個靈活的人，要隨著對方的出拳、天氣變化或當下的實際狀況，去臨機應變。

紀律不能僵化成一套方法——這套方法因為管用，很可能會固定下來，可是會固定下來的不是只有成功經驗。我們每一個人，尤其是上了年紀以後，就算某套方法已不再適用，仍然會傾向於堅守同樣的一套做法。蘇珊・契佛（Susan Cheever）在描寫梭羅時描繪出一個悲慘的景象。她寫：「年齡增長，在自己選擇的領域毫無建樹，世界在他

＊這是二〇一九年洛杉磯公羊隊（Los Angeles Rams）在超級盃敗北時學到的教訓。他們僵化過頭，無法順應變化。二〇二二年，教練尚恩・麥考維（Sean McVay）捲土重來，把焦點放在休息，而非過度訓練，並且帶球員學習「平靜」。

周圍崩塌了。梭羅似乎日益僵化。他只有自己的原則了。他不是相信那些原則，而是彷彿受控於原則。」那就是瘋狂的定義——他堅持無用的原則，困在由他一手打造的情感與藝術隔離區。

令人想起拳擊教練給拳王阿里的警告。堅強意志讓阿里**總是**抬頭挺胸迎向挑戰。這位教練告訴他，**橡樹也站得很挺，但要懂得彎曲和搖晃才不會被擊倒**。他提醒阿里：「橡樹也是做棺材的好材料。」

許多人生命還未走到盡頭，就被葬在自己製作的棺材裡。因為他們不曉得「向來採行的辦法」已經不管用了，或是不曉得「他們被養大的辦法」已經不被世人所接受了。

我們必須培養改變、變通和適應的能力。學習伊莉莎白女王，持續不斷地，一天改變一點點，用這個方式去保留和保護重要事物。

那不見得總是有趣，不見得總是容易。

可是還有其他選擇嗎？邁向死亡？

自我控制不是無期徒刑，而是**生存之道**。

變通不代表丟棄重要的事物，而是代表懂得如何讓自己與別人都能好好過生活，以及如何在傳統中安然自處，並且允許改良過的新方法誕生。那同時也意味著，順應世界的變化，以及所處位置的改變，去調整和尋找一套能夠讓我們忠於原則的方法，好讓我們不會過得痛苦或經歷無謂的失敗，也不會被排除在外。

僵化，即脆弱。**化有招於無招，則堅不可摧**。

兩者之間，由我們選擇。

成功仍不改己志

柏林圍牆倒塌那一天晚上，梅克爾在喝了一杯啤酒之後回家了。放鬆、興奮到幾近狂歡程度的人群蜂湧而出。梅克爾則是早早上床睡覺。她隔天還有想要完成的工作。

儘管她被選為總理，即將以黑馬之姿擔任歐洲地區極為重要的政府官職，她仍然繼續住在待了二十三年的平凡的租金管制公寓。前往觀賞愛樂樂團的表演時，她也會跟其他觀眾一起坐在普通席位（並堅持付錢）。大家都知道，如果助理對她講的笑話笑過頭，她會斥責助理。柏林人也早就習慣，看見這位前任「自由世界領袖」在商店裡自己採買雜貨。

有一名記者曾經問梅克爾，成就這麼高，家鄉的人還是稱呼她為「牧師的女兒」，是否讓她感到困擾。她回答，那就是我的身分。不論人生境遇如何轉變，那都是不變的事實。

老加圖也是如此。他很早就開始過簡樸的生活，使他在墮落的羅馬領袖面前更顯優秀。蒲魯塔克寫：「更了不起的是，他不僅在年輕懷抱雄心壯志時如此，更在擔任執政官洋洋得意的白髮暮年保持這個習慣，像冠軍運動員那樣，自始至終遵守他的鍛鍊守則。」

成功的矛盾之處就在這裡。當我們以為可以鬆懈下來，不必再嚴格遵守紀律，正是最需要嚴守紀律的時候。盡了這一切努力，換來什麼？我們會得到更多的誘惑，更多令人分心的事物，以及更多的機會。

唯一的解決辦法？

加強對自己的掌控！

有所成就是很了不起，但因為成功了，而變成一個自私自利的渾球？以為自己突然間比其他人高一等或更重要？拜託。

蒲魯塔克對老加圖讚譽有加，我們對梅克爾讚譽有加，因為他們不因權勢地位提高，而像許多人那樣放大自己的「自尊心」，或不去遵守規則。

二〇二一年中，菲利普親王的喪禮上，最令人動容的一張照片，是將近九十五歲高齡、身材矮小的伊莉莎白女王，獨自坐在聖喬治禮拜堂（St. George's Chapel）的照片。皇室家族理當可以邀請更多人來參加喪禮。但是由於當時，成千上萬名英國人民和大英國協的人民，都必須遵守和尊重新冠肺炎疫情的安全措施規範，所以女王基於公平性，立刻好意地拒絕了這項提議。

守規矩守了一輩子的女王，並不打算破例。她可能不需要承擔破例的後果……但是這樣會有辱名譽。是的，那樣一來，她就必須獨自度過人生最痛苦的日子……不過她不是完全孤立無援。職責幫助她挺直腰桿，自律幫助她度過難關。除此之外，修士般的虔誠態度，幫助她展現**更崇高的人格**。

馬可．奧理略在《沉思錄》寫道：「無論你把我抬到哪裡，我的心靈都將仁慈地對待我——既仁慈，又滿足。」他這樣說不只因為他是自己的好朋友，更是因為他是個節制和懂得自我控制的人，所以他的適應能力很強。無論功成名就還是身處逆境，嚴格律己和自我節制為他帶來心靈的平靜。當我們不再在意別人的說法和做法，只關注自己的**行為舉止**，以及「堅定不移地直奔終點線」，任誰都能進入這樣的境界。

敘利亞危機爆發期間，梅克爾允許一百萬名難民進入德國，使德國成為收容最多難民的歐洲國家。梅克爾採取這項爭議之舉時，正是抱持這樣的心態。她大可對日益嚴重的人道主義惡夢視而不見。她大可把問題丟給其他領袖。她大可保持低調，像大部分成功的政治人物那樣，只顧慮自己在國內的參選機會。

但她沒有這樣做。身為「牧師的女兒」的她，沒有因為成為政治人物就放任不管，而是遵照從小到大接受的教育，並以身為一個人的身分，去處理這個問題。她做她認為正確的事。她並不害怕。她不在乎自己是否遭受批評。成功在她身上帶來的改變，只有指揮世界大事的能力——以及她掌握的權力。

在有許多事情需要謙遜以對的時候，要當個謙遜的人很簡單，但你現在身處高位能夠放縱自己的熱情。在必須接受規範時要遵守規定很容易，但現在別人會幫你找開脫的藉口。現在，是真正需要發揮**自律精神**的關頭，因為再也沒有其他事物能夠約束你了。

位高權重更需要有清晰的頭腦，不能被物質或優越感蒙蔽雙眼。塞內卡寫，「地位卑微的人比較能夠自由地去動用武力、對人提告、貿然爆發爭吵，或恣意發怒」，因為「兩個平等的人互相攻擊無傷大雅，但對一國之君來說，提高音量說不加節制的話語，有損威嚴」。

自制的人不見得會愈來愈自制，但在這樣的時候，你必須更要有自制力。發揮自制力不僅不會讓自制愈來愈容易，而且發揮自制力帶來的好處會給你一百萬個吸引你鬆懈的理由（以及金錢）。

但你要讓大家看見，你的優秀與卓越不僅止於此。要讓大家看見你的成功不是僥倖，你當之無愧，你擁有開創與延續成就的實力。
你會將注意力放在重要的事物上。
你不會因為財富增加而驕傲膨脹。
你會讓大家看見成功並沒有改變你。
它只是讓你成為**更好**的人。

自律即美德，美德即自律

「美德就像音樂，它以更高、更高尚的音調振動。」

——史蒂芬・普瑞斯菲爾德（Steven Pressfield）

歌德本來用「太初有言」作為劇作《浮士德》的開頭。後來他覺得不對，把這句話改成了「太初有**為**」。

這本書是四樞德系列叢書籍的第二本，旨在討論自律。現在進入尾聲，我們要在這裡說明——言語並不重要，**重要的是行為**。

自我節制與另外三種美德——勇氣、正義、智慧——之間的關係，即是最佳證明。沒有自律的促成，這些都不可能實現，甚至毫無價值。

從華盛頓、富蘭克林、亞當斯，到亨利，每一位美國開國元勛，幾乎都以某種形式提過，他們開創的政府體制，**必須在人民的高尚品德中落實**。他們主要在講節制的美德——除非人們做到自我約束，否則無法維繫自由。實際上，亞當斯說，缺乏自我控制能力的國民會「像鯨魚穿過網子，將《憲法》最粗壯的繩索擠破」。

我們可以勇敢捍衛自己的權益，捍衛自己作主的權力，我們天生有此權利。但那也意味著最終要為自己的言行負責，因為如果不需要負責，就必須要由其他人事物來管理我們。想想看，少了自律精神，你能走多遠，成就能維持多久，而美德一旦過頭會多快演變成惡行……包括勇氣、正義，甚至於智慧。

自律是唯一之道，它是一股力量，能夠調節其他事物帶來的刺激。

西塞羅寫道：「替勇氣增添自我控制力，如此一來你將擁有幸福人生的一切要素。因為你將擁有抵禦痛苦與恐懼的勇氣，以及將你從肉慾中解放和帶你擺脫無節制渴求的自我控制力。」

談論美德很容易。它以幾個世紀的詩歌、文學和記憶為底，在這些書頁上流暢表述。但撰寫這本書，以及你花時間閱讀的目的，不只是為了娛樂。哲學不是為了娛樂而生。

我們的目的是要試著真的進步。試著回應我們的天命，做出屬於我們的海克力士的選擇——今天、明天、每時、每刻。

如果只是紙上談兵，這樣的美德有什麼用處？如果你沒有實踐和獨排眾議的勇氣，無法勇敢地在諸多回報將人生往反方向推的時候堅持到底，又有什麼意義？

沒錯，修與行，關係密不可分，但總有見真章的一刻。我們要實事求是，依照實際情況，付諸行動。

四種美德的目的在灌輸品格（良好的品格），這樣一個人才能夠在關鍵時刻發揮出真實的本性。自律精神不會自動產生，必須努力培養。正如同一個人在寫作的過程成為作家，並在寫出值得一讀的好作品時，成為優秀的作家，**自律精神**必須要以生命來實踐。

從盧．蓋瑞格，到馬可．奧理略、伊莉莎白女王、喬治．華盛頓、瑪莎．葛蘭姆、哈瑞．杜魯門、喬伊絲．卡蘿爾．奧茨、布克．華盛頓、弗洛伊德．帕特森，我們談論的人物，沒有誰是完美的人。他們有時候會做出與我們想要學習的美德完全相反的行為，這是我們所必須注意的重點。儘管如此，我們無法否認，在至關重要的一刻，他們的**良好品格**發揮作用，促使他們做出極其偉大的事。他們不僅在當時，成功幫助其他人或推動自身理念，他們也在今天，以其成就，啟發了我們。

重要的不是他們說了什麼。重要的是，他們因為是他們，而做了什麼。

林肯的蓋茲堡演說就是表達這個觀念——重要的不是我們在這裡說什麼，而是他們在那裡做了什麼。盧．蓋瑞格讓洋基隊引以為傲，馬可．奧理略努力實踐天命和安東尼努斯為他樹立的榜樣，大約二十個世紀之後，伊莉莎白女王也一肩扛起類似的壓力，除此之外，弗洛伊德．帕特森嘗試奪回頭銜，貝多芬則掙扎著從輕生邊緣爬回來——這些人物的自律精神、心性與耐力，在在啟發了我們。

他們的美德閃耀光芒。

這些美德不是能夠由我們來神聖化的事物，它們本身即是永恆。

我們只能藉由一種方式去榮耀它。

就是從自己開始付諸實行，繼續完成他們的未竟之功。不論我們自己是否清楚，我們都已身處其中，必須將這項傳統延續下去。

一切就從磨練德行開始。不是做給別人看的德行，而是**過著合乎美德的生活**。

我們可以隨心所欲地學習美德，但到了某個十字路口，我們必須做出選擇。

本書以《聖經》和約翰．史坦貝克的話起頭，最後要結合兩者作結尾。史坦貝克在《伊甸園東》作出結論，告訴我們基督教最有力量的詞彙是「你可以」（timshel）。如果你讀的是英文版「十誡」，英文版把這些句子翻譯成「戒律」。但史坦貝克認為，十誡的希伯來文翻譯版本比較精確，希伯來文不是寫「你應該」（Thou shalt），而是寫「你可以」（Thou mayest）如何。

他在撰寫這幾頁的時候，向編輯表示：「這是個人的責任，並且要發揮良知。只要願意就有可能辦到，但那取決於你。結果這個小故事是無比深奧的故事。我總認為它是，現在我知道，的確如此。」

不論是《聖經》，還是海克力士的事蹟，或《伊甸園東》，或《浮士德》，這些寓言要傳達的是一樣的訊息——**我們有所選擇**。我們可以**選擇**自我控制或不自律，選擇美德或劣行。

自制必須發自內心、身體力行。當屬於我們的時刻來臨，要發揮對自己的主宰力。其結果反映在我們的決定裡。人一生當中不會只有一次，而是會有上千次這樣的機遇。它不只存在於過去和未來，更存在於當下，存在於今天。

你的選擇是什麼？

依賴他者，還是傲然獨立？

成就偉大，還是自取滅亡？

自律即命運。

由它決定一切。
你，是否願意選擇自律？

後記

這本書寫到第二年的時候，我進入了撞牆期。

我知道，若要在出版商訂立的很有挑戰性的截稿日順利完稿，我就得在六月初開始動筆寫作。可是當我坐在辦公室，查閱一疊又一疊的資料，覺得似乎不太可能辦到。以往我總是在坐下來輸入第一句話的時候，就幾乎很確定，每一頁會要談論哪些內容。

就像對靈感的仰賴，「臨陣磨槍」也是業餘人士的做法。

專業人士會擬訂計畫。

可是嚇人的是，我並沒有這樣的計畫。我當然知道主要梗概，但有太多不確定的地方。結構、人物、範例……都超出我的掌握範圍。而且，我要怎麼把不怎麼迷人的「節制精神」講到讓讀者感興趣？我不知道。更糟糕的是，我開始質疑自己**真的知道**要怎麼寫嗎？

當時我所能感受到的，只有「絕望」兩個字可以形容。質疑？人或多或少有這種感受。憂慮？嘗試困難的事物前，我們都會有一點憂慮感。這是更深層的感受。不，這已經是自信危機了——我覺得自己挑錯主題，沒有可以用上的資料，時不我與。於是我思忖著，要不要打電話給出版商，要求延期。

我也覺得很累，實在太疲憊了。

為寫書**構思**是探求創意的過程。事實上，「憑空撰寫」出一本書是非常痛苦的人力活——你要坐到椅子上，索盡枯腸一句一句地寫出來，而且單位不是幾個小時或幾天，而是幾個月和幾年。這是一場耐力、認知與體力的馬拉松。

這十年來，我不只是跑了幾趟這樣的馬拉松，而是一趟又一趟地，接連跑了十二趟。出版書籍、撰寫文章，同時撰寫每日電子郵報，大約累積了兩百五十萬字。這本書是四美德系列完成一半的指標。我在撰寫過程中突然意識到，打亂秩序、造成嚴重破壞的全球新冠肺炎疫情，已經來到第三年了。疫情開始時，我的兩個孩子都還不到四歲。此刻我正坐在一棟十九世紀的歷史建築裡頭，下方是我在同樣一段動盪不安的時期創辦和開張的書店。今天早上，我和每天早上一樣，在七點鐘起床，與孩子們一起走去查看我們居住的牧場的圍欄。*

一切彷彿在我最無力承擔的時候找上了我。

我不太相信世界上有神力介入這種事，但我確實需要幫助……

在德州某個酷熱難耐的日子，我坐在工作室的桌子前，翻看幾個盒子裡頭，數千張用來記錄研究內容的紙卡。這一堆紙卡看得我眼花撩亂，我不太能夠理解紙卡上頭的內容，以及它們該如何彙整成一本書。我伸手拿起一張紙卡。

上面只用紅色簽字筆寫了幾十個字。什麼時候寫的？寫下那些字的原因？是什麼讓我那樣寫？我所知道的只有上面寫了什麼。

要對過程抱持信心，繼續記在卡片上。六月回頭查看時，假如我已完成工作，那麼書的樣子就出來了。

這不算是奇蹟……但我跨越了時空，從過去跑到未來，給了自己一則關於自律的忠告。

猜猜怎麼樣？**它拯救了我**。

當然，我不是不必做事了，而是讓我不再受困於自己的念頭，不再想要放棄，不再想要拋棄我在撰寫那些書籍、文章和電子郵報時，就已經很管用的系統和流程。馬

*我承認，我還可以更專注在重要的事情上。

可・奧理略在《沉思錄》有一段話說得非常好。那時他想必也深陷於信念危機之中。他用這句話來提醒自己。他說：「熱愛你所知的紀律，讓紀律支撐著你。」

那正是我的便條要我做到的事。

於是我聽話照做。

我開始每天提早到辦公室處理資料。我把一張又一張的卡片，整理成一小疊一小疊，從中尋找關聯性，尋找可以抓住的脈絡，以及尋找解開本書的鑰匙。

我不再擔心，而是善加運用我在這本書描述的「平靜溫和的光」。我會在思緒卡住時，散步到很遠的地方。我試著按表操課。我排除干擾因素，專心工作。我也做到了「坐下來」，就只是坐著，並且思考。

我對這個過程有信心。我熱愛我所知的紀律，讓它支撐著我。

我很想告訴你，沒多久我就開始**順利**寫起書來。但是寫作（或人生）不會如此一帆風順。

實際上那是一個緩緩進行、需要反覆修改的過程，但最後一樣會令人脫胎換骨。

我走在絕望的長廊上，光線開始滲透進來。盧・蓋瑞格從黑影中走出來。在閱讀近四千頁傳記後，我發現伊莉莎白女王是一流心性的最佳寫照。一個又一個人物，一個又一個章節地，在我的苦心鑽研之下逐漸成形。

如我的記事卡片所承諾的，這本書的樣子有了，就差把書寫出來。

新冠肺炎疫情的好處在於它會逼人嘗試不同的生活方式，它給了我重新雕琢和改進寫作習慣的機會。日子與日子之間的分野變得模糊，以前平凡生活中那數不盡的各種機會都不見了，只剩下日子本身——一樣不變的只有我必須寫下的文字。

我早早起床，替孩子換好衣服。我把他們放上嬰兒車，繫好安全帶，在日出時分散步或跑步，讓太太好好補充一下她很需要的睡眠。我們數著在田野間懶洋洋地休息的鹿隻，看兔子從小路中間快速穿越過去。我們一面講話，一面觀察，享受彼此的陪伴——完全不受其他事物的打擾。我很久以前就規定自己早上起床第一個小時不能查看手機。這麼做除了是要管理看螢幕的時間，也是要為那樣的時光騰出空間……以及在我最不想工作的時候，為腦中可能乍現的靈光騰出空間——就像貝多芬體驗到的「狂喜」。

回到屋內後，我會讓孩子們自己玩耍，好去沖洗一下。雖然我是自雇業者，但我認為，相對於外觀上的整潔，能夠**感覺**神清氣爽，是很重要的一件事，所以我每天早上都會刮鬍子。我非常重視自己的工作，我不會邋裡邋遢地上工。我會穿上樣式簡單的衣服（每天大致一樣，減少不必要的選擇），接著我會坐下來寫日記。不管要寫五分鐘還是二十五分鐘，它都能幫助我集中精神。安妮．法蘭可（在她的日記）寫道，紙張比人更有耐心。她說得對——想要管理難以抑制的情緒，最好的辦法就是寫在紙上……並留在那裡。

寫完日記就是我該工作的時間了——首先處理最重要、最困難的事。我開車前往位在書店內的辦公室，將東西放好，開始動筆。不遲到、不拖延、不被數位產品分心，專心寫作。在這本書剛開始動工，進展不順的那段時期，我有一次，把一張記事卡片貼到牆壁上。卡片上面寫著瑪莎．葛蘭姆的話：「不要去害怕創作素材，那些素材會知道你在害怕，不為你提供幫助。」缺少勇氣，自律毫無意義，而自律絕對是勇氣最重要的一項特質——**下定決心**將必須完成的事做好。

寫書需要投注大量時間，這些時間在一點一滴中累積起來。如果八點半到辦公室，我會寫到十一點，只要兩、三個小時就夠了。像一條古老的寫作守則所說，每天只需要寫幾頁狗屁不通的稿子。寫作的紀律在於從不缺席。

四季轉換，世事一如往常動盪不斷、快速變化。機會、干擾、誘惑，也一直不停出現、作響、吵鬧和引誘著我們。我每天堅持不懈地寫作。我在電腦螢幕右側，兩張兒子的照片中間，貼了一張運動心理學家強納森・費德（Jonathan Fader）給我的照片。那是大名鼎鼎的醫生奧立佛・薩克斯（Oliver Sacks）的照片。在他身後的辦公室有一張很大的警語。上面只寫了「NO！」。我做到對採訪、會議和「能不能請教你一下」說不。藉由這個方法，向真正重要的事情說「YES」，包括我的家庭、工作以及清醒的神智。

我的工作不是只有寫作。我經常要談生意和解決問題。下午時段，我用來處理需要撥打的電話和採訪工作。我會在這個時段編輯、閱讀和錄製播客節目《每天一點斯多葛》（*Daily Stoic*）和《每天一點爸爸經》（*Daily Dad*）。我會處理書店的企劃案和其他生意上的事。不過，不管那一天有多麼忙碌，我都會每天晚上回家吃晚餐——在最理想的狀態，我會準時回家，在吃晚餐前跟孩子們盡情玩耍。晚上我們會再次出門散步，然後我會哄孩子們上床睡覺。

我覺得，沒有什麼比養小孩更需要和更能增強自律精神。我試著去想，當個小孩子有多麼不容易——尤其是在這種充滿不確定性的時候。我試著記住，不論是睡前時光還是開車載孩子上學，如果匆匆忙忙，那就表示我們倉促地度過了相處的時光，而這些時光失去就不再擁有。當我覺得沮喪或一陣怒火上來，我會試著先穩住自己，孩子們只是累了，他們肚子餓了，他們不知道怎麼好好表達。我們一起躺在床上的時候，我會對自己說：「真是太棒了，沒有比這樣更好的了。」二〇二一年，睽違十八個月後，我第一次坐上飛機，突然意識到自己竟然連續五百個晚上待在家裡頭。難怪我這麼有生產力……難怪儘管局勢艱難，我卻過得這麼快樂。

我試著為了自己和孩子在各個方面做到自律。

我吃得很健康，每天通常大概有十六個小時不吃東西。我知道自己有強迫行為的傾向，所以我不菸不酒，也不使用任何娛樂性藥物。我刻意不讓自己被日趨負面的新聞媒體不斷鼓動，試著在破碎的世界維持正向心態和堅持不懈地迎向挑戰。我控制自己的自負心，並盡全力控制我的脾氣。我盡力當個好老公和支持另一半的配偶。我好好睡覺，維持書桌的整潔——或維持**看起來**很整潔的樣子。我把不必要的工作排除掉，並把其他人可以做的事情，交給別人去做。

在寫這本書的過程中，我曾經和四度奪下NBA冠軍、一次入選全明星賽的奧運金牌得主馬紐．吉諾比利共進午餐。他剛好也是格雷格．波波維奇在二〇一二年讓球員休息的那場爭議性比賽的其中一名球員。雖然像麥可．喬丹和老虎．伍茲這些冠軍運動選手，毋庸置疑非常傑出，但是我更加佩服那些既是世界一流的佼佼者，又能把私生活過得平衡、體面的人。我們一起坐在屋後的門廊，我告訴馬紐我遭遇到的困難。他把二〇一三年ＮＢＡ總冠軍賽發生的事告訴我。

第六戰最後五秒鐘，馬刺隊領先對手三分，馬紐跳起來搶籃板球，準備一搶定江山。他跳起來的高度，就差那麼一點點，輸給了比他高得多的克里斯・波許（Chris Bosh）。球被傳給雷・艾倫（Ray Allen）。艾倫投出讓比賽進入延長賽的關鍵三分球。延長賽最後一個進攻機會，馬刺隊還落後一分，球又回到馬紐手中。他衝向籃框。輪到他出手，好好表現一番。

結果馬紐沒有成功。球被截走，熱火隊贏了。總冠軍賽因此進入第七戰，這一戰也是熱火隊贏球。

他告訴我，先前他就是個很在意輸球的人。這次比賽過後呢？他家就像辦起了喪禮，充滿了哀傷、憤怒、痛苦和絕望的氣息。他就像失去冠軍腰帶的弗洛伊德・帕特森，吃不下，也無法思考，過得**無比悽慘**。

人一旦落入這種處境，可能有幾種發展。你也許會很痛苦、懊惱、就此放棄，或是更認真訓練、更積極投入，把勝負看得更重。但是就在他悶悶不樂、反覆思考這件事的時候，腦中突然浮現出一個念頭。他告訴自己：「**我剛打完ＮＢＡ總冠軍賽，怎**

麼不開心一點？」

隔年馬刺隊回歸總冠軍賽。他和馬刺隊經歷去年第七戰痛苦至極的慘敗，這一次與熱火隊再次交手，只用五場就輕鬆拿下他生涯第四座和球隊第五座ＮＢＡ冠軍獎盃。

但他最了不起的地方是他改變了和比賽的關係，改變了對輸贏的態度。不是憤怒或雪恥的心態在鞭策他。他是變得很享受比賽。

他變得更平衡，更能控制自己的情緒，更活在當下，球打得更開心了。他因此成為一名更棒的父親、丈夫和隊友。馬紐在那次令人痛苦的挫敗後，在ＮＢＡ繼續打了五個球季（總共十六個球季）。退休時他是馬刺隊的三分球王和抄球王。此外他是出場次數第三多、助攻第四多、分數第五高的球員。二〇一九年，馬刺隊讓馬紐的二十號背號退休。他現在是進入名人堂的球員。

這也是節制的其中一項重要意義。當我們說自律救了我們，有一部分是拯救我們不受自己的危害。有時候它讓我們不再懶惰或軟弱。也有很多時候，它讓我們不再野心勃勃、行事過度，或不再一心想著要對別人或自己過度嚴格。它不只讓我們擅長做某一件事，更能促使我們成為全方位的**頂尖人物**。亞里斯多德對這個主題多有琢磨。他提醒我們，美德的意義不在獲得權力、名聲、金錢、成就，而在促進**人類的繁榮**。

還有比那更重要的嗎？

在我努力寫出這本書的時候，我也盡可能在另外一個人生領域追求進步——我希望自己在家裡也能展現出工作和自律的成果。幾年前，我成功推銷出一項企劃案之後，編輯打電話給我太太，除了恭喜我們，也表示要向她道歉。她知道那對我太太來說意味著什麼——她明白，接下來我將會墜入寫書的黑暗深淵。

不論這本書是否成功，甚至就算這本書對很多人產生影響，我最驕傲的仍然是——**我在寫書的過程是什麼樣的一個人**。實際上需要道歉的狀況不多，甚至包括計畫似乎無法順利推動的時期。即使覺得可能需要延期，我也不忘這樣思考：**所以呢**？那又何妨？有時事情必須緩一緩。

急事慢做。

開始動筆寫一本書並不容易，收尾階段更是難上加難——通常會隨著截稿日逼近，以及出現一百萬個問題，而陷入一團混亂。這段時間，我並非總是過得很好。結果，當我在家替這本書的最後幾頁收尾的時候，正在創作藝術的五歲兒子竟然抬起頭，對我說：「爸爸，你丟了寫書的工作，我很替你難過。」顯然，我沒有把生活過得那麼瘋狂，工作和生活的界限比以前好得多，讓他以為，我被迫提早退休了。

如果是以前那個年紀較輕、比較不能自律的我呢？想必就算寫著沒那麼有壓力的書，也會被壓力給壓垮。想必會表現出來，被壓力吞噬，把壓力帶回家。以前我在工作上沒有那種平靜溫和的光。我野心勃勃、動力十足……要是有東西擋在前面，就不屈不撓、積極解決。那種心態幫助我獲取成就，但也使我不快樂。

那不會幫助我順利完成這項企劃。更糟糕的是，我會變成偽君子。

是的，寫到這裡，我仍然很累。

好累，但也覺得心情很好。

要活才有人生。我們應該要積極生活、持續行動。

要是一本書不必努力，揮筆就能寫成？那麼每個人都寫得出來。

關於寫書（你可以在這裡填入你從事的工作或活動），它很困難、它令人氣餒、它讓你難過得要命、它給了你一點顏色瞧、它讓你腦袋打結，那都是好事。但你也可以取得平衡，以持續發展為前提，並且發揮最重要的節制精神，去將它完成。

那就是自律與不自律、堅強與軟弱、專業與業餘之間的差別。

沒有人說實踐天命很容易。

要是那麼容易，價值何在？

推薦閱讀

對大多數人來說，參考書目很無聊。但對於喜愛閱讀的讀者而言，這是最棒的部分。本書之所以能夠完成，多虧了許多了不起的作家和思想家的著作，這些書的數量多到幾乎難以列出完整的書目。因此，與其列出參考書目，筆者準備了一份完整的推薦閱讀清單，不僅本書的想法和概念出自其中這些偉大著作的影響，此外，我也會簡述我從中獲得的省思，以及為什麼讀者有可能對其有興趣的原因。如您有興趣獲得此推薦閱讀清單，請寄送電子郵件至：books@disciplineisdestiny.com，或前往本網站：disciplineisdestiny.com/books。我還會附上一些關於自律的名言給您。

能不能推薦更多書籍？

當然。您也可以訂閱我的每月選書通訊（現已進入第二個十年）。這份選書通訊的接收對象現已包含世界各地超過二十萬名讀者，並成功推薦超過上千本改變人生的書籍。ryanholiday.net/reading-newsletter。我將從十本我知道你會喜歡的精采書籍開始。

致謝

這個系列快要寫到一半的里程碑了。我得說，我獲得許多人的幫助，才能走到這一步。感謝 Portfolio 出版社和 Profile Books 出版社的編輯和行銷團隊。感謝我的經紀人史蒂芬・韓斯曼（Stephen Hanselman）。感謝我在德州的團隊：亞莉安娜・赫南德茲（Adrianna Hernandez）、潔西卡・戴維森（Jessica Davidson）、比利・歐賓海莫（Billy Oppenheimer）、賈斯汀・鄧貝克（Justin Dumbeck）、道森・卡羅（Dawson Carroll）、珍・布雷迪・奈特（Jane Brady Knight）、尼爾斯・帕克（Nils Parker）、布倫特・安德伍德（Brent Underwood），因為你們，我才有可能把書寫出來。我同樣要感謝，這兩年來唯一能夠讓我們臨時托嬰的姻親羅德（Rod）與凱倫（Keran）。有這樣一個概念，它說「門廳的嬰兒車」是藝術創作的敵人。兩個兒子其實讓我比以前來得更自律和專注。我無法想像沒有他們的人生。最重要的是，我必須感謝我的太太莎曼莎（Samantha）。她比我更能游刃有餘地（坦白說，也更快樂、更友善地）遵守日常紀律，我要持續向她學習。過去十年，她支持我有些瘋狂的習慣和日常作息，並且容許我將許多時間（以及靈魂的黑夜）投入書籍創作。也要謝謝許多這本書裡提到和出現在我人生裡的人士（包括羅伯．葛林和馬可．奧理略等人物）——他們樹立的榜樣幫助我變成更好的人。

國家圖書館出版品預行編目 (CIP) 資料

自律即命運：節制與自控的力量／萊恩．霍利得（Ryan Holiday）著；趙盛慈 翻譯
– 初版 . -- 臺北市：三采文化，2024.07
面： 公分 .（MindMap269）
譯自：Discipline Is Destiny: The Power of Self-Control
ISBN：978-626-358-417-4 （平裝）

1. 心理勵志 2. 個人成長 3. 西方哲學

192.1 113006982

suncolor 三采文化

Mind Map 269

自律即命運

節制與自控的力量

作者｜萊恩．霍利得（Ryan Holiday） 翻譯｜趙盛慈
責任編輯｜張凱鈞
美術主編｜藍秀婷 封面設計｜方曉君
內頁排版｜中原造像股份有限公司 文字校對｜黃薇霓

發行人｜張輝明 總編輯長｜曾雅青 發行所｜三采文化股份有限公司
地址｜ 台北市內湖區瑞光路 513 巷 33 號 8 樓
傳訊｜ TEL: (02) 8797-1234 FAX: (02) 8797-1688 網址｜ www.suncolor.com.tw
郵政劃撥｜ 帳號：14319060 戶名：三采文化股份有限公司
本版發行｜ 2024 年 7 月 5 日 定價｜ NT$480

suncolor